本当は恐ろしい「ふるさと納税」

地方交付税が奪われる

伊藤敏安

東京図書出版

はじめに

横浜市の地方税収入に迫る規模

ふるさと納税の人気は、ますます高まっています。都道府県・市区町村の合計でみると、この制度が生まれた２００８年度の件数は５万件あまり、受入額は約81億円でした。それが２０１０年度に１００億円を超え、個人住民税所得割の上限引き上げと「ワンストップ特例制度」が導入された２０１５年度には前年度比４倍以上の１６５３億円になりました。その後も２０１６年度に２８４４億円、２０１７年度に３６５３億円、そして２０１８年度には５１２７億円と順調に伸びています。

ふるさと納税をすれば所得税（国税）と個人住民税（地方税）が控除されるだけでなく、寄附額に応じて寄附先から返礼品が送られてきます。これは、利用者にとっては大きな魅力です。

一方、ふるさと納税を受け入れた地方団体（都道府県・市区町村）にとっては、寄附金によって自由に使える財源が確実に増大します。基金を設置して、教育や福祉などの特定の目的に使用することもできます。寄附金を多く集めれば集めるほど、返礼品や広報にお金をかけても、寄附金から総費用を引いた、いわば手取額はより大きくなります。返礼品を地元で調達することで、特産品の振興と経済効果が期待されます。であればこそ、ふるさと納税による寄附金の獲得に一段と熱が入ります。

このようにして地方団体間の獲得競争が過熱してきたため、2019年の地方税法改正により、ふるさと納税の募集方法や返礼品割合の基準に適合的でない団体については、特例控除の対象として指定されない仕組みが導入されました。

その結果、同年度の受入額は前年度比252億円減の4875億円に後退しました。ところが新型コロナ感染症に見舞われた2020年度には一転して、件数は前年度比1・5倍の3489万件、受入額は1・4倍の6725億円に大幅に増加しました。さらに2021年度には、件数は前年度比1・3倍の4447万件、受入額は同1・2倍の8302億円になっています。

8302億円というのは、市区町村のなかで第1位の横浜市の地方税収入（2021年度に8389億円）に匹敵する規模です。

ふるさと納税をすれば個人住民税の控除が適用されます。その適用者数は、2020年度（控除適用は2021年度）に564万人、2021年度（同2022年度）には

741万人にのぼっています。2021年度における納税義務者数（個人住民税所得割の対象者）は5951万人ですので、納税義務者の12・5%、8人に1人がふるさと納税を利用していることになります。

地方財政の秩序を撹乱

総務省「ふるさと納税ポータルサイト」をみると、ふるさと納税を活用した地方団体の取り組み事例が紹介されています。地方団体にとって、ふるさと納税に多くのメリットがあることは疑うべくもありません。その一方、社会全体からみると、さまざまな問題点を抱えていることも否定できません。

ふるさと納税の主な問題点の一つは、寄附額のほぼ全額が控除されるという大きな魅力に加え、さらに返礼品に煽られて、「社会のために」という寄附本来の理念がゆがめられているおそれがあることです。もう一つは、木下（2015）などで指摘されているとおり、ふるさと納税を利用した特産品振興は補助金と変わらないことです。自立的な産業を育てるどころか、依存的な性格を強めてしまうおそれがあります。そしてもう一つ大事なのは、国・地方の財政にかかわることです。

国・地方の財政にかかわる問題点として、以下のようなことがあげられます。

第1に、地方団体においては、行政サービスの受益に応じて住民が租税で負担を分かち合います。これが地方税の「応益負担」と「負担分任」の原則です。ところが、ふるさと納税はこの原則にひび割れをもたらします。

たとえばK県L市に住んでいるA氏が他地域にふるさと納税をしたとします。A氏は所得税と個人住民税が軽減され、返礼品までもらえてハッピーです。その一方、K県とL市は、地方税収入が減少しても住民――A氏も含まれます――に対して行政サービスの水準と質を維持していかなくてはなりません。

「L市も他地域からふるさと納税を集めればよいではないか」という考えはナイーブすぎます。マクロ的にみればプラスマイナスゼロですし、あとでご紹介するように、地方交付税による補塡のことを考慮すればマイナスサム（関係者間の利得の合計がマイナスになること）になるからです。

第2に、これは国税・地方税に共通しているのですが、家族構成や所得が同じであれば同じ負担が求められ、より多い所得であればより多い負担が求められます。前者は「水平的公平」の原則、後者は「垂直的公平」の原則です。

ところが、ふるさと納税は高所得者に有利です。所得が高い納税者ほど、ふるさと納税を利用できる上限が高くなっています。これは「垂直的公平」の原則からみて好ましいこととはいえません。そもそも個人住民税所得割を納めていなければふるさと納税を利用することはできません。

一方、A氏とB氏は、同じ所得と同じ家族構成であり、同じK県L市に住んでいて、同額の所得税と個人住民税を負担しているとします。A氏はふるさと納税を利用して控除が適用され、B氏は利用しないとすればどうでしょう。2人とも同じ行政サービスを消費しているにもかかわらず、負担の度合いは違います。これは「水平的公平」の原則からみて望ましいこととはいえません。

第3に、ふるさと納税制度は、「今は都会に住んでいても、自分を育んでくれた〝ふるさと〟に、自分の意思で、いくらかでも納税できる制度があっても良いのではないか」という考えから出発したとされます（総務省「ふるさと納税ポータルサイト」を参照）。つまり、税収の地域間偏在を是正する効果が期待されていました。けれども返礼品競争に揺さぶられるなどして、それがうまくいっているとは限りません。それどころか逆に財源の偏りを招いているおそれがあります。

第4に、地方団体は、移住者や企業を呼び込むために税率を引き下げたり、補助金を増やしたりすることがあります。複数の地方団体がお互いにそのような競争に陥ると、地方税収入が減少したり、補助金が増加したりすることで、結局は行政サービスの水準や質を犠牲にしてしまうおそれがあります。これが「租税競争」の問題です。ふるさと納税についても、そのような問題が起きていることが指摘されています。

第5に、租税競争は地方団体間の水平的な問題ですが、国・地方間の垂直的な問題もあります。国と地方の財政は、地方交付税という財政調整の仕組みを通じて密接にリンクしています。ところが、だれかがふるさと納税をすると、二重の意味で地方交付税を痛めつけてしまいます。

その一つは、ふるさと納税による所得税（国税）からの控除に伴って、地方交付税の重要な原資である所得税収入が減少することです。もう一つは、予定外の地方交付税が必要になることです。

だれかがふるさと納税をすると、その地方団体の地方税収入は減少します。それでは困りますので、減収を補塡しなくてはなりません。この補塡に地方交付税が使われます。地方交付税というのは、一般の行政サービスの水準や質を確保するための仕組みです。地方交付税の原資は、国税（所得税、法人税、消費税など）の一定割合とすることが法律で定められています。補塡が必要になったからといって増額されるわけではありません。結局、ふるさと納税に伴う地方税減収を補塡する分だけ、本来の地方交付税の役割が損なわれてしまっているのです。

本書のねらい

ふるさと納税制度は、非常におもしろい仕組みだとは思います。けれども私自身は、廃止するか、少なくとも都道府県・市区町村に対する従来の寄附制度と整合の取れた仕組みに改善する必要があると考えています。

特に問題視すべきは、前述のように、ふるさと納税制度が国・地方の財政に対して好ましくない影響を及ぼしていることです。この問題は、直接的にはみえにくいこともあって、いままで十分に議論されてきたとはいえません。そこで本書では、特に次の三つの疑問について検討します。これにより、ふるさと納税制度の改廃に関する議論に少しでもお役に立てることができればと思います。

第1は、多額のふるさと納税寄附金を集めた地方団体において、それが適切に利用されているかどうか——ということです。地方財政には「基準財政収入額」という指標があります。おおむね地方税収入の75%に相当する額であり、必要額である「基準財政需要額」と組み合わせて財政力の測定や地方交付税交付額の算定に使用されます。

2021年度の場合、1741市区町村のうち85団体において、ふるさと納税の受入額が基準財政収入額より多くなっています。都道府県・市区町村では、限られた職員数のもとで多様な行政課題に対応していかなくてはなりません。所定の行政サービスをこなすだけでも手一杯であるはずなのですが、基準財政収入額を超えるほどの寄附金を集めて適切に使いこなす余裕はあるのでしょうか？　すべてを使い切っていないのであれば、ふるさと納税による寄附金はどこへいったのでしょうか？【第2章】

第2は、どのような市区町村がふるさと納税の利用に熱心か、あるいはふるさと納税はどこからどこへ流れているか――ということです。ふるさと納税については、都道府県・市区町村ごとに寄附金をどれほど受け入れたか、住民がどれほど寄附をしたかという統計が発表されています。これらを組み合わせることで、さまざまな分析が可能になります。

ところが、地方団体間で発地・着地を照合させることはできません。集計は可能と思われるのですが、公表することによって地方団体間で「取った」「取られた」という係争を招きかねませんので、集計をしないのかもしれません。けれども、人口や課税対象所得のランク別に発地と着地の関係を集計することはできます。これを参考にして、都道府県間における発地・着地の状況を推定する方法が考えられます。

はたして、ふるさと納税に熱心なのはどんな市区町村でしょうか？　ふるさと納税はど

こからどこに向けられているのでしょうか？　税収の地域間偏在の是正という所期の目的に適っているのでしょうか？【第3章】

第3は、ふるさと納税は地方交付税をどれほど毀損しているか――ということです。前述のように、地方団体間の財政格差を調整するために、地方交付税という仕組みがあります。地方交付税は都道府県歳入の14・9％、市区町村歳入の13・2％を占める貴重な財源です（2021年度）。

ふるさと納税に伴って所得税（国税）と個人住民税が控除されます。このうち所得税は地方交付税の重要な原資です。その33・1％は地方に還流してきます。一方、寄附者が居住している都道府県・市区町村にとっては、住民のふるさと納税によって地方税収入が減ります。減収分の75％は地方交付税によって補填されます（財政力の高い団体と東京特別区を除く）。

結局、だれかがふるさと納税をすると、直接的・間接的に地方交付税を痛めつけていることになります。それはどれくらいの規模でしょうか？　影響を軽減するためには、どのような方法が考えられるでしょうか？【第4章】

3ヵ年にまたがる寄附・受入、控除、補塡

総務省は毎年度「ふるさと納税に関する現況調査」を発表しています。この調査は着地ベースの「受入額の実績等」と発地ベースの「住民税控除額の実績等」から構成されます。発地統計では、都道府県・市区町村等への寄附とその内訳の一つであるふるさと納税について、寄附者数、寄附額、個人住民税控除額、ワンストップ特例制度の利用状況などが集計されています。着地統計では、寄附の受入件数と受入額、うち市区町村外からの受入件数と受入額、返礼品調達費や広報費といった費用の内訳などが集計されています。

着地統計は、ある年度の4月1日から3月31日における寄附金の受入状況を集計したものです。発地統計は、その年の1月1日から12月31日における寄附に基づいて、翌年度における個人住民税の控除状況をみたものです。発地統計と着地統計には対象期間のずれがあります。金額は一致しません。けれども本書では、発地統計の年次を着地統計にあわせて話を進めることにします。たとえば発地統計の2021年度は、寄附が発生した着地統計の2020年度に当たります。

ややこしいことに、地方交付税による補塡は、個人住民税からの控除が発生した年度の翌年度に実施されます。たとえば、K県L市に住んでいるA氏が2020年度にN

市にふるさと納税をしたとします。N市には当該年度の収入になります。K県とL市は、2020年度の寄附に基づいて、2021年度におけるA氏の個人住民税を控除します。2021年度にK県とL市の地方税収入は減少しますので、2022年度の地方交付税によって補塡されます。

つまり、ふるさと納税にかかわる寄附・受入、個人住民税からの控除、地方交付税による補塡は3ヵ年にまたがっているのです。これらを厳密に区分して議論するのはたいへんです。そこで本書では、ふるさと納税にかかわる寄附・受入と控除と補塡とがそれぞれ同一年度に発生したものとして扱うことにします。

3ヵ年平均

ふるさと納税は寄附の一形態です。寄附の対象と金額は、大規模災害の発生などにより、年度によって変動することが予想されます。そのため本書では、3ヵ年の平均でみていくことにします。発地統計の2019〜2021年度は、着地統計の2018〜2020年度に対応します。地方交付税による補塡は2018〜2020年度におこなわれたとみなします。現時点で公表されている財政関係の数値は2021年度分までですが、ふるさと納税関係については主に2018〜2020年度の数値を使用します。適宜、最新の2021年度の数値をご紹介します。

市区町村の財政状況については総務省「市町村別決算状況調」、納税義務者数と課税対象所得については同「市町村税課税状況等の調」を使用します。それぞれ2018〜2020年度の3ヵ年平均です。人口は、同「住民基本台帳に基づく人口、人口動態及び世帯数」による2020年1月1日時点の人口です。

本書の対象は全国1741市区町村です。都道府県の問題は、ふるさと納税による個人道府県民税への影響を検討する第4章を除いて直接的には扱いません。都道府県におけるふるさと納税の受入額は総額の1〜2%です。ところが、都道府県における個人住民税からの控除の規模は、これよりはるかに大きくなることを心に留めおいていただければと思います。

本当は恐ろしい
「ふるさと納税」

— 地方交付税が奪われる —

目次

第3章 ふるさと納税はどこからどこに向かっているか？ 91

第4章 ふるさと納税は地方交付税をどれほど毀損しているか？ 139

第1章

ふるさと納税の落とし穴とは何か？

1 人気が高まって当然

お得感満載のふるさと納税

K県L市に居住しているA氏の例です。総所得700万円、所得税の限界税率20％のA氏が、M県N市に3万円の寄附をしたとします。

住所地の都道府県・市区町村に申告をした場合、寄附額から2000円を引いた額に対して、翌年度の個人住民税の10％（A氏の例では2800円）が控除されます。税務署に確定申告をした場合は、寄附額から2000円を引いた額（同2万8000円）に所得税率を乗じた額（同5600円）が当年度の所得税（国税）の課税所得から控除されます。前者は税額から一定額を控除する税額控除です。後者は課税対象所得から一定額を控除する所得控除です。これらが地方団体に対する従来の寄附税制の仕組みです。

これに対し、A氏がふるさと納税を利用した場合は、①寄附額から適用下限額の2000円を引いた額の20％（同5600円）が当年度の所得税の対象所得から控除され

図表1　ふるさと納税の仕組み

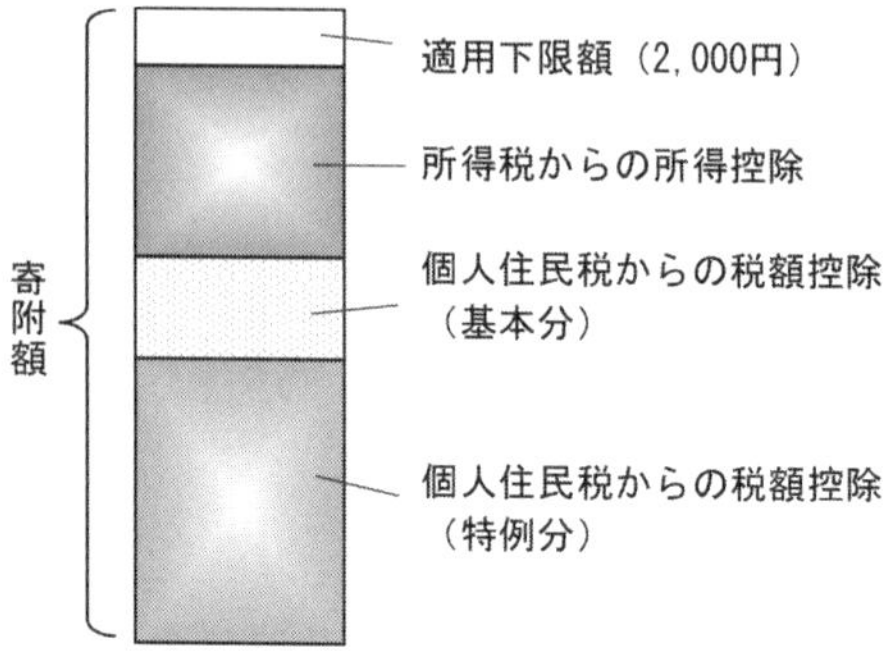

（注）総務省「ふるさと納税ポータルサイト」から作成。

ます。さらに、②寄附額から2000円を引いた額の10％（同2800円）が翌年度の個人住民税の基本分として控除されます。これに加えて、③寄附額から2000円を引いた額×（100％－基本分10％－所得税率）により計算される額（同1万9600円）が翌年度の個人住民税から特例分として控除されます（図表1）。③の額が個人住民税所得割額の2割を超えるときには、特例分の控除額は個人住民税所得割額×20％により計算します。

②と③の合計は2万2400円です。その内訳は、N市が一般都市であれば、市民税の控除額は1万3440円（6割）、県民税のそれは8960円（4割）になります。N市が政令指定都市であれば、市民税8割、県民税2割で配分されます。

もしA氏がふるさと納税の「ワンストップ特例制度」（寄附先5団体以内）を利用すれば、確定申告をする必要がなくなり、①＋②＋③の合計と同額（同2万8000円）が翌年度の個人住民税から控除されます。この制度は、寄附者の負担を軽減するため2015年度に導入されました。

いずれにしても、ふるさと納税をすれば、寄附額から2000円を引いた全額（A氏の例では2万8000円）が控除されます【コラム1】。

従来の寄附税制（地方団体への申告による税額控除または税務署への確定申告による所得控除）に比べて、ふるさと納税ははるかに魅力的です。しかも寄附額の30％以内とされる返礼品が寄附先から送られてきます。寄附額のほぼ全額に相当する税負担が軽減されるうえに、特産品をもらえるのであれば、ふるさと納税の人気が高くなるのも当然です。

もちろん、ふるさと納税で税負担を減らせるからといって、いくらでもできるわけではありません。寄附額には総所得に応じて制限があります。所得税控除については総所得の40％、個人住民税からの控除の基本分については同30％を上限とします。また、個人住民税からの控除の特例分については、個人住民税所得割額の20％という限度があります。これらの上限を超える寄附については、従来の寄附税制が適用されます。

従来の寄附を駆逐

都道府県・市区町村の歳入には「寄附金」という科目があります。大規模災害が起きたときなどに「被災者支援に使ってください」といった寄附がこれです。ふるさと納税は、この広義の寄附金の一部です。地方団体への寄附に関する手続きや税額控除のことは所得税法と地方税法で定められていますが、ふるさと納税もこれに含まれます。

市区町村における寄附金は2008年度には合計で495億円でした。東日本大震災が発生した2011年度には前年度の596億円から約27％増加して756億円になりましたが、2012〜2013年度には600億円台に後退しました。それが2014年度に前年度から約18％増加して810億円になったあと、2015年度には前年度比2・6倍の2100億円に大きく伸びました。その後も2016年度に3263億円、2017年度に4067億円、2017年度に5578億円と順調に増加し、2019年度には5323億円に少し減少したものの、2020年度に7121億円、2021年度には8836億円になっています（総務省「市町村別決算状況調」）。

容易に推察されるとおり、広義の寄附金を押し上げているのはふるさと納税です。広義の寄附金に対するふるさと納税の割合は2008年度から2012年度まで10％台半ばでした。それが2013年度の19・4％から2014年度には一気に46・4％に上昇したかと思うと、2015年度には77・4％に拡大しました。2018〜2019年度には90％前後で推移し、2021年度には92・3％です。つまり、市区町村に対する寄附の9割以上をふるさと納税が占めるようになっています。

大規模災害などのときには「返礼品なし」をうたってふるさと納税による寄附を呼びかけることがあります。2022年2月、ロシアのウクライナ侵略が起きました。このとき緊急人道支援を目的として、多くの地方団体がふるさと納税による寄附を募集しました。これらの取り組みは崇高なものです。ふるさと納税をする人にしても、いつも返礼品や節税を意識して寄附をしているわけではないはずです【コラム2】。

とはいうものの、都道府県・市区町村への寄附については従来の仕組みがあるなかで、ふるさと納税制度が生まれました。それが従来制度による寄附をほとんど駆逐するまでに浸透しているのです。

押し上げたのはワンストップ特例制度

ふるさと納税の人気は、税制制度に関係していることはいうまでもありません。ふるさと納税制度は、導入当初から、所得控除と税額控除を組み合わせていることに加え、基本控除に特例控除が追加されて、適用下限額を除く全額に控除が適用されるといった特徴がありました。

２０１１年度には適用下限額が５０００円から２０００円に引き下げられ、魅力が増しました。２０１５年度には、個人住民税所得割額の上限が10％から20％に引き上げられるとともに、前述のワンストップ特例制度が導入されました。

ふつうの会社員の場合、よほどの高給与であるか副業収入や不動産所得がなければ、税務署で確定申告をする必要はありません。２０２１年分の場合、給与所得者は５９３１万人です。このうち申告納税をした給与所得者は２６１万人（４・４％）にすぎません（国税庁「申告所得税標本調査結果」）。ふつうの会社員にとって、ふるさと納税をしたあと、わざわざ確定申告に出かけるのは億劫だろうと思います。

それがワンストップ特例制度を利用すれば、確定申告の必要はなくなります。A氏が５つ以下の地方団体に申請書を添えて寄附をすれば、それぞれの寄附先から住所地の市区町村に寄附があった旨の通知があります。これにより、A氏は、住所地であるK県とL市の個人住民税を控除されます。

個人住民税所得割の上限引き上げとともに、ワンストップ特例制度がふるさと納税の人気を大きく押し上げたのも納得できます。

【コラム1】　個人住民税の構成

個人住民税は、毎年1月1日時点で住所を有している個人に対し、都道府県と市区町村が課する税です。東京都・東京特別区の税制は異なるため、「都民税」と「特別区民税」を区分して扱うこともありますが、総称的には「道府県民税」「市町村民税」という表現が使用されます。

個人住民税は、①均等割、②所得割、③利子割・配当割・株式等譲渡所得割から構成されます。①は定額であり、標準税率は道府県民税1500円、市町村民税3500円です（2023年度まで復興財源としてそれぞれ500円ずつ引き上げられています）。②は納税義務者の所得に対する税であり、標準税率は一律10％です。うち道府県民税4％、市町村民税6％です（政令指定都市については8％）。③は金融取引に関する税であり、税率は5％です。③は道府県民税として徴収され、その一定割合が市町村に配分されます。

２０２１年度の場合、個人道府県民税収入（均等割、所得割）は４兆５３８０億円（道府県税収入の22・８％）、個人市町村民税収入（同）は８兆３３１５億円（市町村税収入の37・０％）です。都道府県税収入のなかで個人道府県民税収入は、地方消費税収入（６・２兆円）、事業税収入（５・０兆円）と並ぶ基幹的税目です。市町村税収入のなかで個人市町村民税収入は、固定資産税収入（９・３兆円）に次ぐ主要税目です。

【コラム２】 ふるさと納税の意義

ふるさと納税制度は、「今は都会に住んでいても、自分を育んでくれた〝ふるさと〟に、自分の意思で、いくらかでも納税できる制度があっても良いのではないか」という問題提起から始まったとされます。つまり、税制を通じて〝ふるさと〟に貢献する仕組みです。その意義として、次の３点があげられています（総務省「ふるさと納税ポータルサイト」の一部の表現を改変）。

■納税者が寄附先を選択する制度であり、選択するからこそ、その使われ方を考えるきっかけとなる制度であること。こうして税に対する意識が高まり、納税の大切さを自分ごととしてとらえる貴重な機会になること。
■生まれ故郷はもちろん、お世話になった地域に、これから応援したい地域へも力になれる制度であること。これにより、人を育て、自然を守る、地方の環境を育む支援になること。
■自治体が国民に取組をアピールすることでふるさと納税を呼びかけ、自治体間の競争が進むこと。これにより、選んでもらうに相応しい、地域のあり方をあらためて考えるきっかけへとつながること。

2 ふるさと納税の実際

このような仕組みをふまえたうえで、ふるさと納税の状況をざっと確認しておくことにします（図表2）。

2015年度以降急伸

２０２０年度の受入額は６７２５億円、寄附額は６０５５億円、２０２１年度には受入額は23・４％増の８３０２億円、寄附額は26・９％増の７６８２億円（市区町村分）に達しています。繰り返しになりますが、着地統計でいう受入額は、各会計年度（４月１日～３月31日）に地方団体が受け入れた額です。他方、発地統計でいう寄附額は、前年の１月１日～12月31日における寄附について、翌年度の個人住民税控除の対象となる額です。対象期間にずれがあるため、受入額と寄附額は必ずしも一致しません。ふるさと納税をしても税額控除の手続きをしない人がいることも考えられます。

けれどもマクロ的には両者はおおむね一致しています。そのなかで東日本大震災が発生

図表２　ふるさと納税の寄附額と受入額

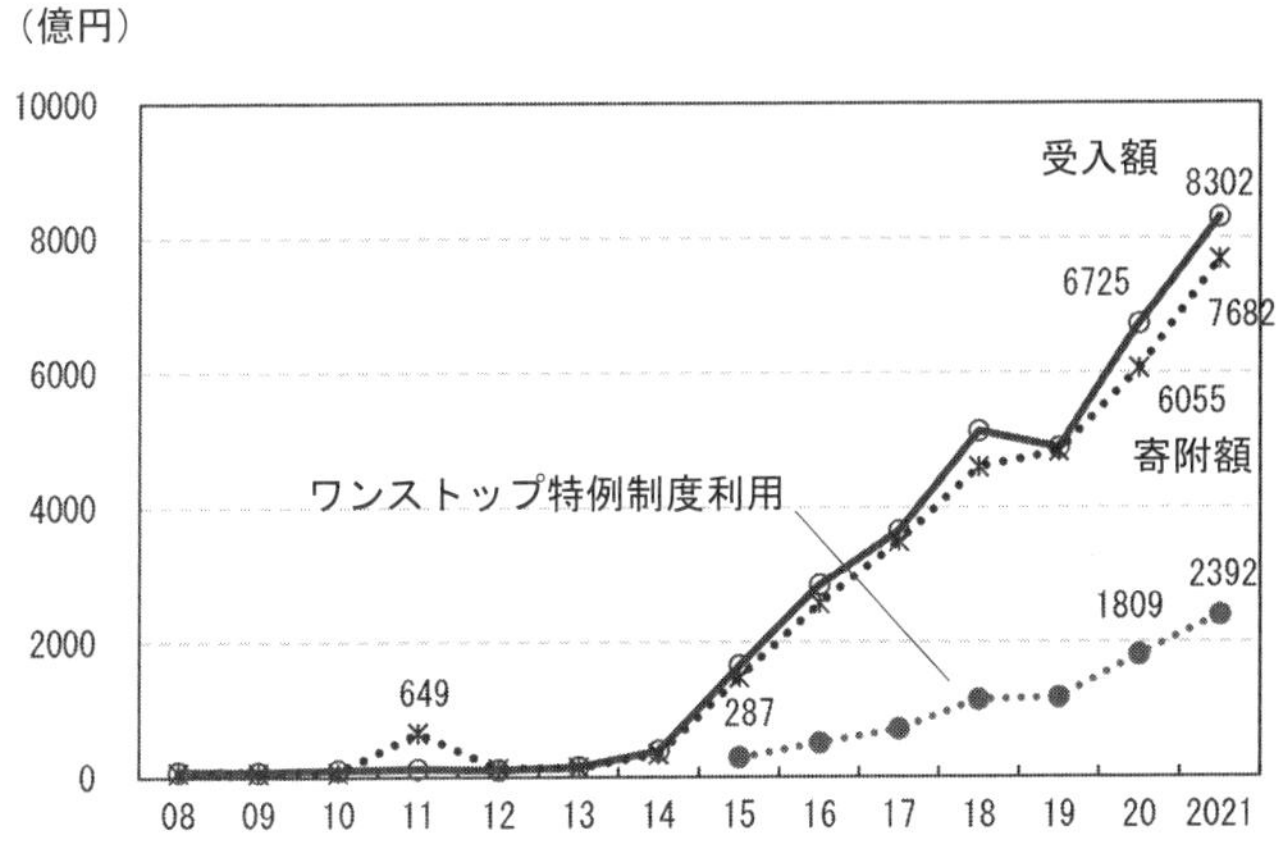

（注）総務省「ふるさと納税に関する現況調査」から作成。2021年度の寄附額は市区町村分。

した２０１１年度をご覧ください。前節でご紹介したのは、地方団体に対する広義の「寄附金」でしたが、図表2はふるさと納税による寄附額を示しています。この年の寄附額は前年度比10倍近い６４９億円に跳ね上がりました。これは「被災地のお役に立ちたい」という思いのあらわれだと解釈されます。このときの寄附者のなかには、ふるさと納税制度のことをあまり意識せずに寄附をした人も少なくなかったのではないでしょうか。

　ふるさと納税による寄附額は、東日本大震災の翌年度と翌々年度にはふたたび１００億円台に後退しました。それが２０１５年度に１０００億円の大台に乗ったあとは、まさに鰻登りのような様相を呈しています。ふるさと納税のことがしだいに人々に知られてきたところにもってきて、同年度に導入された所得割の上限引き上げとワンストップ特例制度が大きなきっかけになったであろうことは間違いありません。

ワンストップ特例制度の規模

ワンストップ特例制度の利用率は、2021年度の場合、着地統計の受入額では全体の28・8%、受入件数では31・5%を占めます。

発地統計では、寄附額そのものではなく、個人住民税控除額とその内数としてワンストップ特例制度の適用状況が集計されています。これによると2021年度の場合、控除額は合計5672億円、うち特例制度利用額は2051億円、控除適用者は合計741万人、うち特例制度利用者は375万人です。つまり、特例制度の利用率は控除額では36・2%、控除適用者数では半数の50・6%を占めます。

2021年度における個人住民税所得割の課税対象所得は約209兆円、納税義務者は5951万人です（総務省「市町村税課税状況等の調」）。ということは、納税義務者の12・5%、8人に1人がふるさと納税を利用し、さらにその半数がワンストップ特例制度を利用していることになります。

２０２１年度の７６８２億円（市区町村分）という寄附額は、課税対象所得のわずか０・４％にすぎません。特例制度を利用した控除額に至っては課税対象所得の０・１％程度です。であるにもかかわらず、人数ベースの利用率はすでに相当の規模に達しているといってよいと思います。

地方税収入より受入額が多い

ふるさと納税人気の高まりと市町村の積極的な取り組みをうけて、一部の地方団体では、ふるさと納税の受入額が地方税収入を追い抜くほどになりました。２０２１年度の場合、１７４１市区町村のうち63団体（３・６％）でふるさと納税の受入額が地方税収入を上回ります。２０２０年度には31団体でしたので、ほぼ倍増です。なかでも北海道白糠町では前者が後者の12・３倍であるのをはじめ、和歌山県北山村と宮崎県都農町でも10倍を超えています。

１７４１市区町村の合計でみると、地方税収入に対する受入額の割合は、２００８年度から２０１４年度まで０・３～０・４％でした。これがふるさと納税の人気の高まりとともに、2015年度に1・1％、2016年度に1・7％になり、1％を超えました。2017年度以降は2％台に入り、2021年度には4・1％になっています。

4・1％というのは合計値でみた割合です。全市区町村について算術平均でみると、一部の突出した団体の影響で20・5％になります。すでに145団体（8・3％）において地方税収入に対する受入額の割合が50％を超えています。このうち63団体では既述のように100％を超えています。これらの団体では、地方税収入に期待できないからこそ、ふるさと納税の獲得に積極的に取り組む例が少なくないとも考えられます。

私は実際、ある地方団体の担当者から聞いたことがあります。「返礼品を少し変えるだけで1日に数十万円、数百万円のふるさと納税がある。地方税をちまちま集めている現状からみると、感覚が少しおかしくなる」ということでした。これは偽りのない実感だろうと思います。だからといって、地方財政にとって好ましいこととは限りません。

受入と寄附に熱心なのはどこか？

図表3は、人口1人当たり寄附額と人口1人当たり受入額について、それぞれ上位20団体をみたものです（2018〜2020年度平均）。

図表3　人口1人当たり寄附額と受入額（上位20団体）

人口1人当たり受入額			人口1人当たり寄附額		
	人口（人）	受入額（円）		人口（人）	寄附額（円）
和歌山県高野町	2,983	2,202,620	東京都千代田区	65,942	44,120
和歌山県北山村	434	1,710,540	東京都港区	260,379	39,810
北海道白糠町	7,710	851,000	東京都渋谷区	229,671	31,380
宮崎県都農町	10,508	732,900	東京都中央区	168,361	27,800
佐賀県上峰町	9,620	500,070	東京都目黒区	281,474	20,590
静岡県小山町	18,306	476,550	東京都文京区	226,114	19,230
高知県奈半利町	3,137	444,310	山梨県忍野村	9,683	17,240
北海道寿都町	2,948	420,330	兵庫県芦屋市	95,775	17,040
長野県小谷村	2,965	407,630	東京都新宿区	348,452	15,370
北海道上士幌町	4,957	363,050	東京都品川区	401,704	15,050
北海道紋別市	21,582	359,540	東京都世田谷区	917,486	14,410
岐阜県七宗町	3,721	355,040	東京都武蔵野市	146,871	13,470
北海道根室市	25,457	315,460	東京都江東区	521,835	11,820
和歌山県湯浅町	11,869	313,210	沖縄県北大東村	589	11,690
高知県芸西村	3,729	292,610	千葉県浦安市	170,169	11,540
北海道北竜町	1,798	272,550	東京都豊島区	290,246	11,060
佐賀県みやき町	25,679	249,970	東京都杉並区	574,118	10,750
鹿児島県大崎町	12,936	245,190	東京都台東区	202,431	9,680
北海道弟子屈町	7,102	239,300	愛知県長久手市	59,480	8,810
大阪府泉佐野市	100,420	234,010	東京都中野区	335,234	8,770

（注）総務省「ふるさと納税に関する現況調査」から作成（3ヵ年平均）。

一見して明らかなように、一部に例外もありますが、受入額では地方圏の市町村、寄附額では大都市圏の市区町村が上位に並んでいます。

人口1人当たり受入額の第1位は和歌山県高野町の2220万円、第2位は同県北山村の171万円です。2020年度の場合、全市区町村における人口1人当たり地方税収入は算術平均で14万円です。これに比較すると、高野町と北山村における受入額の規模がいかに突出しているかが理解されます。

第３位以降は50万円以上が３団体、30万円以上が９団体などとなっています。上位20団体のうち北海道が７団体で最も多く、これに近畿と九州がそれぞれ４団体で続いています。

一方、人口１人当たり寄附額は、最大の千代田区でも４万４１２０円です。上位20団体のうち14団体が東京特別区です。人口規模が大きいため、人口１人当たり寄附額は受入額の場合ほど大きくありません。東京特別区のほかには、高級住宅地のほか、企業の拠点工場や大規模リゾート施設が立地している団体が上位に入っています。

受入額の上位20団体の平均人口は約１万３９００人、寄附額の上位20団体の平均人口は約26万５３００人です。両者には20倍近い開きがあります。大まかにみれば、ふるさと納税の獲得に熱心なのは地方圏の小規模団体であるのに対し、寄附に積極的なのは大都市圏の中堅団体という色分けができそうです。

受入額突出団体 vs. 総務省

人口１人当たり受入額第１位の高野町について受入額を実数でみてみると、２０１８年度の１９６億円から、２０１９年度には２１００万円、２０２０年度には５３０９万円に激減しました。２０２１年度には６４８３万円に少し増加しています。同様に第20位の大阪府泉佐野市についても、２０１８年度に４９８億円と突出していましたが、２０１９年度に１８５億円、２０２０年度には22億円に減少したのち、２０２１年度には１１３億円に回復しています。

上位団体におけるこのような大きな変動には、ある「事件」が関係しています。

緒言で触れたように、ふるさと納税をめぐる競争の激化を抑制するため、２０１９年の地方税法改正により、募集方法や返礼品割合の基準に適合しない団体については、特例控除の対象として指定されない仕組みが導入されました。その一環として、地方税法第37条の二の2において、返礼品割合が受入額の30％以下であることが明記されました。また、同年4月1日の総務省告示第１７９号において、返礼品を地場産品とすること、募集方法が適正であること（返礼品を過度に強調しないこと、総費用割合が受入額の50％以下であること）といった基準が示されました。

総務省は同年5月、静岡県小山町、泉佐野市、高野町、佐賀県みやき町の4市町について、これらの基準に適合的でないという理由により特例控除の対象から除外しました。これに対し、泉佐野市はすぐに不服を申し立てました。そして最終的には２０２０年6月、総務省告示が施行される以前の同市の取り組みについて基準を適用するのは違法であり、無効であるとの最高裁判決が確定しました。

この判決をうけて同年7月、高野町など4団体は特例控除の対象に復帰しました。この係争の影響により、これら4団体においては2019～2020年度のふるさと納税の受入額が大きく変動しています。けれども図表3のとおり、2018年度からの3ヵ年平均でみると、いずれもトップ20にランクインされています。

この事件に関係しているのですが、泉佐野市が多額のふるさと納税寄附金を集めていることを理由に、総務省は、同市に対する2019年度の特別交付税【コラム3】を減額しました。この決定についても同市は不服とし、取り消しを求めて国を提訴しました。2022年3月、この決定は地方交付税法の委任の範囲を超えて違法であるとの判決が大阪地裁において下されました。2023年5月、二審の大阪高裁は一審判決を取り消し、同市の訴えを却下しました。

【コラム3】 地方交付税とは

都道府県・市区町村の財政状況は、それぞれの経済条件と社会的・自然的条件に影響されます。経済活動が活発であれば地方税収入が多くなります。たとえ人口と地方税収入が同じ規模であっても、高齢化が著しい地域や離島などであれば、行政コストがかさみます。このようにして地域間で歳入構造と歳出の仕方が異なるため、財政力格差が生じることは避けられません。

そこで、地方団体間の財政格差を調整し、行政サービスの水準や質を確保するための財源となるのが地方交付税制度です。地方交付税総額のうち94％は「普通交付税」として交付され、地方団体は使途の制約のない一般財源として自由に使うことができます。残り6％は「特別交付税」として、地方交付税算定後に発生した自然災害などに対処するための財源として交付されます。

普通交付税は、基準財政需要額と基準財政収入額によって算定されます。

基準財政需要額（D）：必要な行政サービスを供給するための費用
基準財政収入額（R）：標準的な地方税収入の75％＋地方譲与税など

RよりDが大きければ、その不足分について普通交付税が交付されます。東京都や千葉県浦安市のようにDよりRが大きいと、普通交付税は交付されません。２０２２年度の場合、そのような不交付団体は47都道府県のなかでは東京都のみです。東京特別区を除く1718市町村のなかでは72団体にすぎません。残りはすべて交付対象です（東京特別区は、財政の仕組みが異なるため、地方交付税制度の直接の対象ではありません）。

Rのベースになる「標準的な地方税収入」とは、法定税率による普通税収入のことです。条例で独自に定めた超過税率などによる収入を含めません。Dは法定の単位費用×測定単位×補正係数によって計算されます。たとえば消防の場合、単位費用は人口1人当たり消防費用、測定単位は人口であり、これに人口密度や立地特性などの補正係数を組み合わせて必要額を決定します。

地方交付税は、所得税、法人税、酒税、消費税（地方消費税を除く）、地方法人税という国税5税の一定割合が充てられます。2021年度の場合、これら5税の収入は合計で約57兆円です。同年度の地方交付税交付額は合計で19・5兆円でしたので、おおむね3分の1が地方に還流していることになります。

2019～2020年度には幸いにも原資不足は起きませんでしたが、国税の一定割合だけでは地方交付税をまかなえないときには臨時財政対策債という借金に頼ってきました。2021年度末の地方債現在高は約145兆円に達しています。そのうち約54兆円は臨時財政対策債によるものです。

3 ふるさと納税の落とし穴

ふるさと納税は地方交付税を食い潰す

第2章以降でふるさと納税の問題点を詳しく検討していくために、あらかじめ５つのことについて補足説明をしたいと思います。

第1は、ふるさと納税制度によって地方税の原則が攪乱されていることです。

Ｋ県Ｌ市に住んでいるＡ氏が他地域に３万円のふるさと納税をしたとします。Ｋ県とＬ市には他地域から寄附がないとします。Ｋ県とＬ市にとっては、Ａ氏のふるさと納税によって地方税収入が減少したまま、行政サービスの水準と質を確保しなくてはなりません。これでは困りますので、減収分の75％について普通交付税による補塡があります。ただし、これは普通交付税の交付団体のみを対象とします。財政的にゆとりのある不交付団体には補塡はありません【コラム３】。

Ａ氏はというと、他地域へのふるさと納税によってＫ県とＬ市の個人住民税を控除してもらう一方で、引き続きK県とL市の行政サービスを享受することができます。A氏が住所地のL市にふるさと納税をすれば、行政サービスに対する負担を直接的に縮減できることになります。いずれにせよこれらは、受益者は相応の負担をするという地方税の「応益負担」の原則からみて好ましいとはいえません。そのような負担をみんなで分かち合うという「負担分任」の原則からも乖離しています【コラム4】。

第2は、ふるさと納税による地方交付税への影響です。

K県L市に住んでいるA氏の総所得は700万円、所得税の限界税率は20％とします。A氏が3万円のふるさと納税をしたとします。これは、国税である所得税収入が5600円減ることを意味します（2万8000円×20％）。所得税の33・1％は地方交付税として地方に還流してきますので、地方財政にとっては地方交付税の原資が5600円×33・1％、つまり1854円（ア）だけ減ることになります。

一方、個人住民税からの控除は、基本分と特例分の合計で2万2400円です。K県とL市にとっては地方税収入がそれだけ減ってしまいます。K県とL市が普通交付税の交付団体であれば、減収分の2万2400円×75％、つまり1万6800円（イ）は地方交付税によって補填されます。

これらにより、A氏が3万円のふるさと納税をすることで、アとイの合計で1万8654

円ほど地方交付税が毀損されることになります。

都道府県・市区町村に交付される地方交付税の総額は、毎年度の地方財政計画（地方団体の歳入・歳出見通し等について内閣が作成し、国会への提出と公表が義務づけられます）によって決められます。地方交付税は、地方団体が一般的な行政サービスの水準や質を確保することを目的としています。ふるさと納税に伴って補塡額が必要になったからといって、地方交付税が別枠で増額されるわけではありません。それどころか、地方交付税の原資不足が慢性化し、臨時財政対策債という借金に頼らざるをえないのが実情です（２０１９～２０２０年度は例外的に免れましたが）。

結局のところ、だれかがふるさと納税をすると、地方交付税の原資が減ると同時に、地方交付税による補塡額が必要になることで、それだけ通常の行政サービスに必要な財源を食い潰すことになるのです。

ふるさと納税獲得を加速させる仕組み

第３は、現行制度のなかに地方団体をふるさと納税の受入獲得に駆り出させる仕組みが内在していることです。

その一つは、寄附金受入によって歳入が増えても基準財政収入額には算入されません。ところが、住民のふるさと納税によって個人住民税収入が減少したときには、基準財政収入額の減少とみなされます。ということは、基準財政収入額より基準財政需要額が多い団体、つまり普通交付税の交付団体にとっては、ふるさと納税を集めれば集めるほど財源が豊かになり、たとえ住民がどこかにふるさと納税をしても、個人住民税の減少分の75％を補塡してもらえます。であればこそ獲得競争に乗り出さないわけにはいきません。

もう一つは、ふるさと納税寄附金を集めれば集めるほど、返礼品調達や広報などにお金をかけても、受入額から総費用を引いたいわば手取額は増大します（伊藤2022a）。返礼品競争に歯止めをかけるため、返礼品割合規制と総費用割合規制が導入されました。けれども、限度枠ぎりぎりまで返礼品などにお金をかけようとする地方団体が少なくありません（図表6を参照）。

地方の奪い合いを招くワンストップ特例制度

第4は、ワンストップ特例制度です。

A氏がふるさと納税をすれば、税務署に確定申告をすることで当年度の課税所得が控除されます。その情報が住所地の市区町村に提供され、A氏は翌年度の個人住民税の控除を受けることができます。A氏が5団体以内の複数の地方団体にふるさと納税をして、所定の申請をすれば、寄附先の地方団体から住所地の市区町村に情報が提供され、翌年度の個人住民税の控除を受けることができます。税務署で確定申告をする必要はありません。このようなワンストップ特例制度は、寄附者にとってはたしかに便利です。

ところが、2000円を除く全額が個人住民税から控除され、その減少分の75%が地方交付税で補塡される——ということは、地方団体間で個人住民税を痛めつけ、地方交付税の食い潰しに拍車をかけていることを意味します。

しかも所得税からの控除に伴う地方交付税の原資の減少額に比べて、地方交付税への影響額が大きいことにも注意する必要があります。A氏の例では、前者は1854円ですが、ワンストップ特例制度を利用すれば2万8000円×75%、つまり2万1000円になります。

お金持ちに有利なふるさと納税

第5は、お金持ち優遇の問題です。

前述のとおり、ふるさと納税による寄附額には総所得に応じて上限が定められています。

所得控除については総所得の40％、個人住民税からの控除の基本分については同30％、特例分については個人住民税所得割額の20％です。

総務省「ふるさと納税ポータルサイト」では、適用下限額の２０００円を除いて全額控除の対象になるふるさと納税の上限額（年間）の目安が紹介されています。

会社員の夫と専業主婦の妻の２人暮らし世帯の例です。ふるさと納税による寄附額の上限を総所得別にみると、４００万円で３万３０００円（総所得の０・８％）、６００万円で６万９０００円（同１・２％）、８００万円で12万円（同１・５％）、１０００万円で17万１０００円（同１・７％）、１５００万円で39万５０００円（同２・６％）、２０００万円で56万９０００円（同２・８％）、２５００万円で85万５０００円（同３・４％）になります。細部は住所地の市区町村や社会保険料負担などによって異なります。

ふるさと納税という寄附税制の仕組みは、高所得者に有利であることは明らかです。これは図表３からもみてとれます。人口１人当たり寄附額の上位には東京特別区をはじめ高所得地域がずらりと並んでいます（詳しくは第４章第３節を参照）。そもそも個人住民税所得割の納税義務者でなければ、ふるさと納税をしようと思ってもできません。

ふるさと納税にかかわる手続きなどを代行するサービス事業者が増えています。主要企業だけでも10社を超えるようです。それらのなかには「寄附額50万円以上の方限定」といった特別サービスをうたっている例がいくつかあります。ふるさと納税の仕組みをみると、高所得者に限定したビジネスが成り立つ理由が理解されます。

【コラム4】　地方税の原則

租税の原則として一般には、公平性の原則、中立性の原則（家計や企業の選択にゆがみを生じさせないこと）、最小コストまたは簡素の原則があげられます。地方税固有の原則として、次のような事項が指摘されています。

- 普遍性：十分な税収があり、偏在していないこと
- 安定性：税収の変動が小さいこと
- 伸張性：行政経費の増大に対応して税収が確保されること
- 応益性：行政サービスや公的施設の利用に対応していること
- 負担分任：住民が負担をそれぞれで分かち合うこと

第2章

ふるさと納税は本当に使われているか？

1　どのように活用されているか？

活用を強調する地方団体

本書の第1の疑問は、多額のふるさと納税寄附金を集めた市町村において、それが適切に利用されているのか――ということです。

ふるさと納税が地方団体のさまざまな分野で利用されていることは間違いありません。総務省「ふるさと納税ポータルサイト」では、「ふるさと納税の活用事例」が「各地の好事例」として紹介されています。2018年6月以降更新されていないようですが、このサイトをみると、教育・子育て、まちづくり・スポーツなどの分野でそれぞれ特徴のある事業に活用されている様子をみてとることができます。

中道（2020）は、多額のふるさと納税を受け入れている大阪府泉佐野市について、前述の総務省との係争などをレポートしています。その一環として、ふるさと納税による具体的な成果を紹介しています。たとえば次のような事例です。

■公立小学校13校にはプールがなかったが、2020年度までに7校に整備された。
■公立小学校の児童用机が老朽化していたため、身長にあわせて高さが調整できる可動式机に入れ替えた。
■小学校3年生から6年生まで「学級定員35人以下」になるよう教職員を配置した。
■2017年度に医療費助成の対象を就学前から中学卒業までに拡大した。
■2015年10月からコミュニティバスを無料化するとともに、ルートを3本から4本に増便した。
■関西空港開港を記念して1995年から2004年まで開催され、その後中断されていた花火大会「ENJOY! りんくう」を2016年から再開している。

泉佐野市は、2009年度から2012年度まで財政健全化団体（財政指標が一定水準を超えると、財政健全化計画を策定して、健全な水準に復帰するよう早期是正が求められる）に指定され、苦しい財政運営を経験してきました。中道（2020）によれば、同市がふるさと納税の受入に積極的に乗り出したのは、「財政難だからといって市民サービスを低下させず、少なくとも近隣自治体並みに向上させていく、という最重要課題をクリアするためだった」とされます。

同市にとってふるさと納税は、財政健全化を促進するだけでなく、行政サービス水準の維持と向上に直接的に貢献していることがうかがえます。

健康・医療・福祉、教育・人づくり、子ども・子育て

総務省は、毎年度公表している「受入額の実績等」（着地統計）のなかで、ふるさと納税の使途などについて都道府県・市区町村に質問したアンケート結果を紹介しています。２０２０年度の調査結果をざっとみてみましょう。以下の数値は、全１７４１市区町村を分母とした複数回答の比率です。

ふるさと納税の募集に際して使途を選択できるかどうかについて、「分野を選択できる」94％、「事業を選択できる」24％、「選択できない」３％です。ほとんどの市区町村は分野を選択できるようにしていますが、事業まで選択できる市区町村は４分の1です。思ったほど多くないという気がします。

選択できる分野としては「健康・医療・福祉」79％、「教育・人づくり」78％、「子ども・子育て」76％がそれぞれ70％以上であり、いわば三本柱として並んでいます。選択できる事業については「子ども・子育て」47％、「教育・人づくり」41％、「健康・医療・福

祉」38％、「地域・産業振興」30％などとなっています。

　肝心なのは、これらの事業によってどのような効果があったか、あるいは効果が期待されるか、ということです。この質問については単数回答なのですが、「子育て支援等福祉施策の充実」27％、「教育関係事業の充実」19％となっています。これに「その他」18％という回答が続きます。「その他」のなかには「まちづくり全般」「安心・安全の確保」といった総論的な回答も少なからず含まれます。ですので、効果があったかあるいは効果が期待される事業としては、特に「子育て支援等福祉施策」と「教育関係事業」の2つといえそうです。

　ふるさと納税寄附金の使途などをどのように公表しているかについては、「受入額実績を公表している」94％、「活用状況（事業内容等）を公表している」79％、「寄附者に対して、寄附金を充当する事業の進捗状況・成果について報告している」41％などとなっています。「活用状況（事業内容等）を公表している」という回答はほぼ8割です。高い比率ではあるのですが、すべての市区町村が使途に関する情報提供をしているわけでもなさそうです。

突出群vs.対照群

これだけでは特徴をつかみにくいと思います。そこで、多額のふるさと納税寄附金を集めている「突出群」とその「対照群」を取り出して比較してみます。

突出群というのは、人口１人当たり受入額が10万円以上の57団体です。図表３でみた上位20団体に37団体を加えたものです。対照群は、これらの突出群の市区町村と人口が最も近接した55団体を設定しました。突出群の57団体は、人口では全市区町村の０・５％にすぎないのですが、受入額では全市区町村合計５４９５億円のうち１４６１億円、26・６％を占めます（３ヵ年平均）。

両群の平均人口は、突出群１万１３００人、対照群１万１５４０人です。対照群の設定基準からして当然のことなのですが、ほとんど変わりません。２０１５～２０２０年の人口変化率は、突出群６・９％減、対照群８・１％減（全市区町村平均４・７％減）、65歳以上人口比率は突出群37・５％、対照群37・９％（同33・９％）であり、やはり同程度です。全市区町村平均に比べると、両群ともに人口減少率が大きく、65歳以上人口比率が高くなっています。そして、設定基準からして当然のことながら、人口１人当たり受入額については、突出群28万２１００円に対し、対照群１万７０００円であり、16倍以上の差があります（同1万8900円）。

このようにふるさと納税の受入額の規模を除けば似たもの同士でも、先ほどの総務省のアンケートを集計してみると違う点もあります。

獲得に奮闘する突出群

まず使途の選択について、「分野を選択できる」は両群ともに96〜97％で変わりません。ところが「事業を選択できる」については、突出群25％に対し対照群9％であり、明らかな差がみられます。

ふるさと納税については、返礼品の豪華さが喧伝されます。実際、受入額に占める返礼品割合（調達・送付費用）は、全市区町村平均でも31・5％です。ここでの数値は返礼品割合規制が導入される前年の2018年度からの3ヵ年平均ですので、返礼品割合はまだ高めです（図表6を参照）。

そのなかで突出群の返礼品割合は42・2％であり、対照群の34・7％の1・2倍です。突出群の市町村が返礼品を売り物にしていることは間違いありません。その一方、前述のように4市町村のうち1団体は「事業を選択できる」としています。突出群においては豪華な返礼品に訴えるだけでなく、具体的な事業への協賛を呼びかけていることが察せられます。

2番目の特徴は、ふるさと納税にかかわるクラウドファンディングです。これは、地方団体がおこなう起業支援・移住促進のための事業に対してふるさと納税があれば、総務省が一定限度のもとで地方交付税措置などの上乗せをおこない、当該事業を支援する仕組みです。

そのようなクラウドファンディング型のふるさと納税を実施しているかどうかについて、全市区町村では15％、対照群では4％です。これに対し突出群では19％、ほぼ5市町村に1団体の割合でみられます。これは、何らかの事業のために、できるだけ幅広く寄附を集めようとする意欲のあらわれともいえそうです。

3番目の特徴は、ふるさと納税の使途の公表あるいは報告です。「受入額実績を公表している」という回答は、突出群90％、対照群95％です（全市区町村94％）。「活用状況（事業内容等）を公表している」という回答は、突出群84％、対照群78％です（同79％）。いずれも大きな差は認められません。ところが「寄附者に対して、寄附金を充当する事業の進捗状況・成果について報告している」については、対照群では29％ですが、突出群ではその2倍近い56％です（同41％）。突出群においては、寄附を集めたからにはちゃんと報告するという姿勢をうかがうことができます。

2 本当に使われているのか？

財政状況は似たもの同士の突出群と対照群

総務省のアンケートを集計してみると、突出群の市町村は、多額のふるさと納税寄附金を集めて行政サービスの充実のために使い、その結果を寄附者に報告しているようにみえます。はたして実際にそうでしょうか？

今度は地方財政統計を使って、もう少し詳しくみてみましょう。図表4をご覧ください。これは、突出群と対照群について主要な財政指標と歳入科目を比較したものです。両群は財政状況の点でもよく似ています。

経常収支比率というのは、地方税や地方交付税のような経常的な収入のうち、経常的な行政サービスに支出する経費の比率です（経常的とは臨時的などではないという意味です）。この比率が100％に近ければ、決まって入ってくる収入のうち決まって出ていく額が多いということですので、財政運営が硬直化してきます。

図表４　人口１人当たりでみた突出群と対照群の比較（その１）

		突出群	判定	対照群	全市区町村
人口	（人）	11,305		11,539	73,026
基準財政需要額	（千円）	496		522	338
基準財政収入額	（千円）	140		148	129
経常収支比率	（%）	89.2		87.7	90.4
財政力指数	（指数）	0.34		0.37	0.50
歳入総額	（千円）	1,509		1,275	838
歳出総額	（千円）	1,450		1,218	801
ふるさと納税受入額	（千円）	282	**	17	19
ふるさと納税寄附額	（千円）	1.1		1.0	1.9
地方税	（千円）	147		153	139
個人住民税	（千円）	41		41	46
普通交付税	（千円）	358		376	212
国庫支出金	（千円）	157		152	126
地方債	（千円）	117		134	79

（注）１．総務省「市町村別決算状況調」から作成（３ヵ年平均）。判定欄の記号は両群間の差が統計的に有意であることを示す。
２．突出群は人口１人当たり受入額10万円以上の57団体、対照群は人口が同程度の55団体。

経常収支比率は、突出群・対照群ともに全市区町村平均を少し下回る90％近くで並んでいます。小規模市町村の経常収支比率は、大規模都市のそれより一般に低い傾向にありますが、両群の財政は硬直性の点では比較的良好です。

財政力指数はいずれも０・３台です【コラム６】。全市区町村平均の０・５をかなり下回ります。財政力指数というのは、単純化していえば基準財政収入額÷基準財政需要額の比のことです。１より小さければ、それだけ収入額が需要額に比べて少なく、財政力が弱いことを意味します。

この不足分を補うのが普通交付税です。両群の普通交付税は人口1人当たり30万円台です。これは人口1人当たりでみた基準財政収入額と基準財政需要額の差額に対応しています。両群の財政力指数は全市区町村平均よりふた回りくらい低く、それだけ地方交付税への依存が高くなっています。

ふるさと納税が歳入を押し上げ

このように両群は同じような人口構成であり、同じような財政状況をしています。だから同じようにふるさと納税寄附金の獲得に取り組んでいるかというと、受入額では大きな違いがあります。

人口1人当たり受入額は、突出群では28・2万円、対照群では1・7万円、その差は26・5万円です。この差に対応しているのが歳入です。突出群と対照群は、同じような人口構成であり、同じような財政状況をしているので、人口1人当たり歳入についても、それほど大きな差があるとは考えにくいはずです。ところが歳入は、突出群では150・9万円、対照群では127・5万円、その差は23・4万円です。おおむねふるさと納税の受入額の分だけ突出群の歳入がふくらんでいることが分かります。

歳出についても突出群では１４５・０万円、対照群では１２１・８万円、その差は23・２万円です。

より多い歳入をより多く支出しているのであれば、突出群では行政サービスの水準や質が拡充されていると予想されます。はたしてそうでしょうか？

行政サービスには使われていない？

地方財政における歳出の区分には、使途を示した目的別歳出（議会費、総務費、民生費、衛生費、商工費、教育費など）と支出の帰着先を示した性質別歳出（人件費、物件費、維持補修費、普通建設事業費、災害復旧事業費など）の２種類があります。

性質別歳出のうち普通建設事業費と災害復旧事業費は、公共インフラの整備・補修など、いわゆる「ハード事業」に充当される経費であり、投資的経費と呼ばれます（失業対策費も含まれますが、市区町村の場合はほとんど関係ありません）。このうち普通建設事業費は、国庫支出金による補助事業費と地方団体の独自財源による単独事業費に分けられます。市庁舎や文化ホールなどのハコモノ整備に積極的な地方団体では、単独普通建設事業費が大きくなる傾向があります。

図表5　人口1人当たりでみた突出群と対照群の比較（その2）

	突出群	判定	対照群	全市区町村
総務費を除く一般行政経費　（千円）	268		273	174
一般行政経費のうち総務費　（千円）	219	**	74	49
単独普通建設事業費　（千円）	110		141	67

（注）図表4に同じ。

これに対し、「ソフト事業」に対応するのが目的別歳出のうちの一般行政経費です。これは、行政サービスに要する経費から、人件費、維持補修費、投資的経費、公債費（発行した地方債の元利償還等に要する経費）などを引いたものです。いわば「純行政サービス経費」に相当します。

これらの用語を確認したうえで図表5をご覧ください。

一般行政経費のうち総務費は、後述のように「くせ者」ですので、切り離して比較しています。総務費を除く一般行政経費は、突出群26・8万円、対照群27・3万円です。統計的に有意な差はみられません。それどころか対照群のほうが少し大きくなっています。単独普通建設事業費についても、突出群11・0万円、対照群14・1万円であり、やはり対照群のほうが大きいのです。

このように市区町村財政の決算をみてみると、多額のふるさと納税寄附金を集めた突出群では、純行政サービスにもハコモノにもより多く支出しているわけではなさそうです。では、いったいどこに使っているのでしょうか？

ふるさと納税関係支出は総務費に区分

もう一度図表5をみてみると、一般行政経費のうち総務費については、突出群21・9万円に対し、対照群7・4万円であり、ほぼ3倍の開きがあります。突出群では、ふるさと納税の受入額と並んで総務費も抜きん出て多いことが分かります。

総務費は、総務管理費、徴税費、戸籍・住民基本台帳費、選挙費、統計調査費、監査委員費から構成されます。どの市区町村においても、総務費のほとんどは総務管理費が占めています。

少し長い引用ですが、総務省「地方財政状況調査表作成要領」によると、総務管理費とは次のようなものです。

一般管理的経費を始め、教育費に係る職員以外の職員の退職金（退職手当及び退職手当組合負担金）並びに恩給及び退職年金、財政及び会計管理経費、財政調整基金積立金、減債基金積立金、地域開発等の企画経費、支所及び出張所の経費、人事（公平）委員会に係る経費のほか、本庁舎及び公会堂、市民会館等他の項に計上されない施設の維持管理経費（建設経費も含む。）、前年度に過誤納となった税の還付金並びに普通財産管理のための経費を計上する。

要するに、総務管理費には雑多な支出が含まれているのです。そのため肥大化しがちであることがたびたび問題視されています。

注意すべきは、総務管理費のなかに基金（または積立金ともいいます）に関する支出が含まれていることです。ふるさと納税寄附金は、一般会計の歳入です。広義の「寄附金」の一部です。通常、寄附金は基金に積み立てられます。一般会計から基金への財源移動は歳出です。この財源移動は、性質的歳出では「積立金」（ここではフローの概念です）という科目に計上され、目的別歳出では「総務費」という科目に計上されます。総務費のなかには、ふるさと納税の募集や受入にかかわる費用（返礼品の調達・送付、広報、決済など）が含まれます。

逆に、寄附金を使うときには、基金を取り崩して一般会計に繰り入れます。一般会計にとって「繰入金」は歳入です。

多額のふるさと納税寄附金を受け入れている市町村では、このように一般会計と基金のあいだで寄附金を積み立てたり、取り崩して一般会計に繰り入れたりしています。その結果、総務費は寄附金の規模に対応して大きくなりますが、一般行政サービスへの実際の支出は多いとは限りません。図表5に示されるように、人口1人当たり総務費を除く一般行政経費は、突出群より対照群のほうがむしろ少し多くなっています。そのようなパラドクスが起きる理由はここにあります。

返礼品に支出

ふるさと納税の募集や受入にかかわる費用は、主に総務費として区分されますが、商工費からも支出されているようです。これは商工費の特異な動きから推察されます。

人口1人当たり商工費は、全市区町村平均で1・7万円です。図表5のとおり、総務費を除く一般行政経費は、全市区町村で人口1人当たり17・4万円ですので、その9・8％です。対照群では27・3万円のうち商工費は2・9万円、10・5％です。これに対し、突出群における総務費を除く一般行政経費は26・8万円です。このうち商工費は対照群の1・5倍の4・4万円、16・4％を占めています。しかも2018～2020年度における商工費の伸びが大きいのです。全市区町村では2・9倍、対照群では1・9倍でしたが、突出群では3・7倍の伸びをみせています。ここには返礼品調達のための支出が含まれていると想像されます。

とはいうものの、計算が一致しません。人口１人当たりでみると、ふるさと納税の受入額は28・２万円です（図表４）。総務費と商工費の相当部分をふるさと納税関係に支出したとしても、まだ残っているはずです。それはどこにあるのでしょうか？

商工費は伸びても税収は伸び悩み

その前に商工費については、もう一つ補足事項があります。

前述のとおり、一般行政経費としての商工費は２０１８～２０２０年度に高い伸びを記録しました。これには新型コロナ感染症対策が関係しています。このように全般に伸びが高いなかでも突出群の伸びは、文字どおり突出しています。肝心なのは、それが地域経済や地方財政に結びついているかどうかということです。

全市区町村の場合、２０１８～２０２０年度における法人市町村民税は、やはり新型コロナ感染症の影響で15・９％減でした。個人市町村民税の伸びも０・９％増にとどまりました。これを両群で比較すると、法人市町村民税については突出群13・５％減に対し対照群12・６％減、個人市町村民税については突出群１・３％減に対し対照群１・０％増です。いずれも突出群が伸び悩んでいます。２０１４～２０１７年度について検討した伊藤

（２０２０）でも同様の結果が得られています。

突出群の市町村においては、総務費と商工費を広報や返礼品調達に投入しても、地方税収入に結実していません。いわゆる「コスパ」がきわめて低いのです。これは直感的には、木下（２０１５）で指摘されているとおり、ふるさと納税を利用した特産品振興は結局のところ「補助金漬け」と変わらないからだと考えられます。新たな雇用や税収を生み出しているとは限らないようです。

返礼品割合と総費用割合

ふるさと納税にかかわる費用は、返礼品だけではありません。総務省「ふるさと納税に関する現況調査」では、ふるさと納税の募集や受入に伴う費用を調査しています。その内訳は、返礼品の調達費用、返礼品の送付費用、広報費用、決済等の費用、そして事務費用です。本書では、返礼品の調達費用と送付費用の合計を返礼費用とし、受入額に対する割合を返礼品割合とします。

図表６は、ふるさと納税の受入額に対する返礼品割合と総費用割合について、１７４１市区町村の度数分布をみたものです。

図表６　返礼品割合と総費用割合

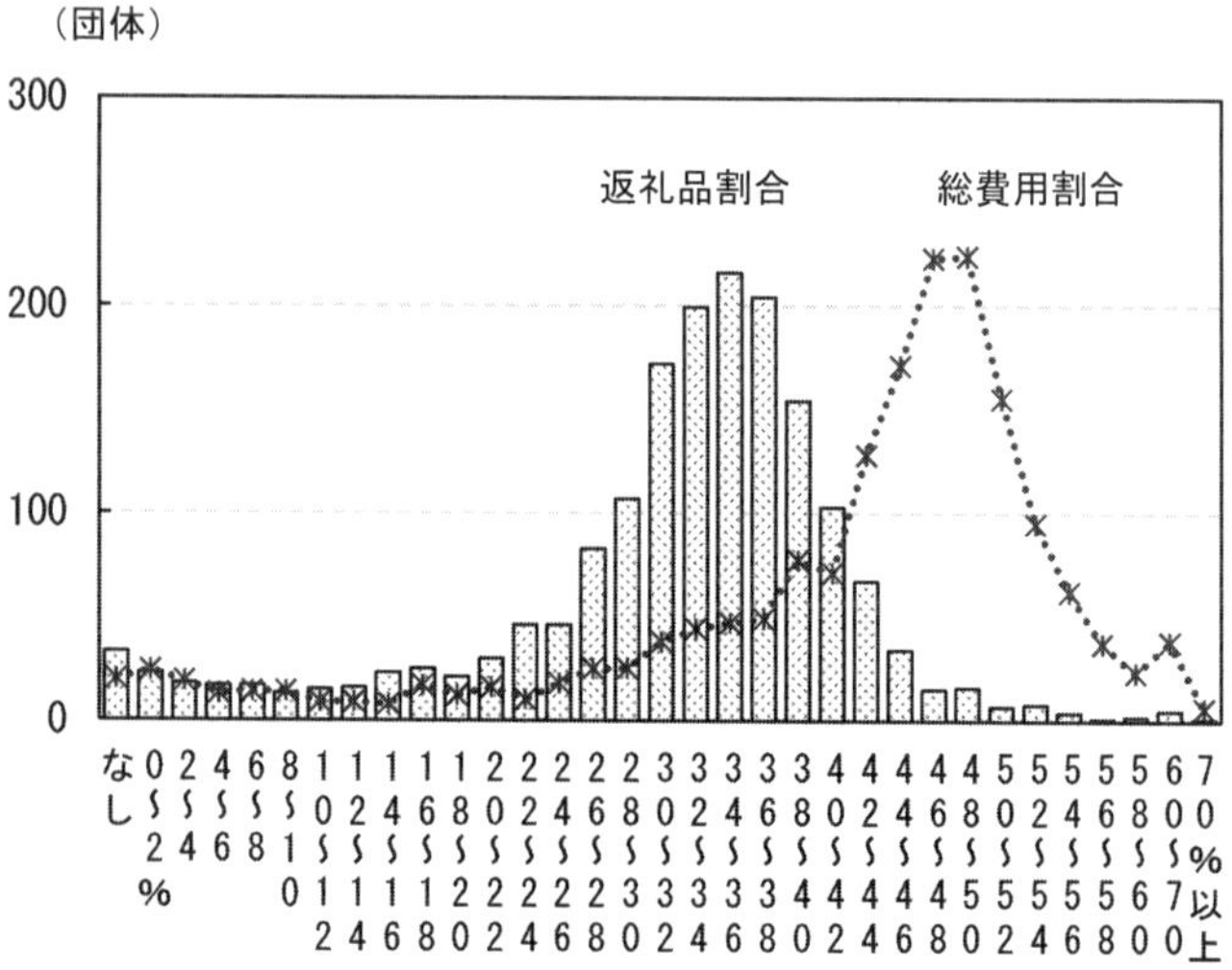

（注）総務省「ふるさと納税に関する現況調査」から作成（３ヵ年平均）。

２０１８〜２０２０年度の３ヵ年平均です。返礼品割合規制などが導入される前の２０１８年度を含んでいますので、返礼品割合も総費用割合もまだ高めです。全市区町村平均では返礼品割合31・5％、総費用割合42・1％です。返礼品割合が30％を超えるのは１２０７団体（69・3％）、総費用割合が50％を超えるのは４１６団体（23・9％）もあります。

返礼品割合の平均を年次ごとにみると、２０１８年度には33・0％（総費用割合43・9％）でしたが、２０１９年度には規制の影響により30・7％（同40・9％）に少し低下しました。けれども２０２０年度にはリバウンドなのでしょうか、31・0％（同41・8％）に少し上昇しています。

突出群と対照群の平均を比較すると、返礼品割合は42・5％対35・4％、総費用割合は54・0％対44・8％です。突出群は、返礼品割合でも総務費用割合でも全市区町村平均をそれぞれ10ポイントあまり上回ります。対照群も負けてはいません。人口１人当たり受入額では突出群の17分の1にすぎないにもかかわらず、返礼品割合と総務費用割合は、突出群には及ばないものの、全市区町村平均をそれぞれ数ポイント上回ります。これは緒言で触れたように、「放っておいてもふるさと納税は集まらないので、なんとかして獲得しなくては」という地方団体間の競争のあらわれともみられます。

ところで前述のとおり、突出群における人口１人当たり受入額は28・2万円です。一方、ふるさと納税にかかわる人口１人当たり総費用は16・0万円です。その差額は12万円あまり、実数では８００億円前後になります。突出群における一般行政サービスへの支出は対照群と同程度でしたので、まだ残りはあるはずです。それはどこにあるのでしょうか？

3 ふるさと納税受入額の残りはどこにいったのか？

特定目的基金の積立

都道府県・市区町村は、基金（または積立金）を積み立てています。これには、年度間の財源の不均衡を調整するための財政調整基金、地方債の償還を計画的におこなうための減債基金、特定目的のための特定目的基金の3種類があります。特定目的基金は、庁舎の建て替え、社会福祉や教育の充実、災害復旧などを目的とします。複数の特定目的基金を設置している事例が少なくありません。

ふるさと納税寄附金は、使途を限定しないで使うこともできますが、たいていの場合、なんらかの特定目的基金を設置して、その目的のための事業に支出しています。実際、総務省「財務書類の記載要領（改訂版）」によると、「ふるさと納税については、受け入れた年度に活用した残額を基金に積み立てた上で、翌年度又は翌年度以降に取り崩して活用するのが一般的」とされます。

２０２１年度の場合、全市区町村における積立金現在高は合計で17・４兆円です。その内訳は、財政調整基金６・４兆円、減債基金１・６兆円、そして特定目的基金９・４兆円です。積立金現在高全体の約54％は特定目的基金です。同年度における地方税収入は20・２兆円ですので、その10ヵ月分のストックがあることになります。

当該年度の積立金現在高は次のように定義されます。

当該年度の積立金現在高＝前年度の積立金現在高＋歳出決算額－取り崩し額＋歳計剰余金処分＋調整額

歳出決算額というのは、基金造成のために最初から予算に計上され、実際に支出された額のことです。いわば計画的な積立金（ここではフローの概念です）です。歳計剰余金処分は、歳入歳出差額の黒字のうち、翌年度への繰越金に回さず基金に編入した額のことです。いわば黒字処分による事後的な積立金（同）に当たります。

突出群においては、当該年度の取り崩し額が比較的大きな額です。ここには、積み立てた基金を取り崩しながら使っている様子をみてとることができます。しかし、それ以上に歳出決算額が大きくなっています。だから取り崩しても現在高が積み上がります。

ところが不思議なのは、ふるさと納税の額は当初予算の段階で分かるはずがないことです。にもかかわらず、なぜ最初から予算に計上できるのでしょうか？　ここには後述のような「カラクリ」が隠されています。

特定目的基金の伸びが大きい

図表7は、人口1人当たりでみた地方債現在高と積立金現在高の状況（3ヵ年平均）に加えて、2018～2020年度における地方債現在高と積立金現在高の変化率を比較したものです。

人口1人当たり地方債現在高は、突出群・対照群ともに、全市区町村平均の70・7万円を大きく超えて102～105万円になっています。人口1人当たり地方債現在高は、中小規模の市町村では一般に大きくなる傾向にありますので、これはまあ仕方がないといえそうです。

注目すべきは積立金現在高です。積立金全体では対照群の77・3万円に対し、突出群ではその1・1倍の88・1万円です。このうち特定目的基金については対照群の38・5万円に対し、突出群ではその1・4倍の55・5万円になっています。いずれも統計的に有意と

図表7　人口1人当たりでみた突出群と対照群の比較（その3）

	突出群	判定	対照群	全市区町村
地方債現在高　（千円）	1,054		1,022	707
積立金現在高　（千円）	881		773	407
財政調整基金　（千円）	226		312	152
減債基金　（千円）	100		76	43
特定目的基金　（千円）	555		385	211
地方債現在高変化率　（%）	1.8		4.1	2.5
積立金現在高変化率　（%）	23.4	**	−1.0	2.5
財政調整基金　（%）	6.7		−0.5	4.1
減債基金　（%）	7.1		−1.2	588.0
特定目的基金　（%）	51.4	**	5.7	9.9

（注）図表4に同じ。変化率は2018～2020年度の実数ベース。

はいえないのですが、かなり大きな差が認められます。積立金現在高のうち特定目的基金の割合については、対照群では49・8％ですが、突出群では3分の2近い63・0％を占めています。

2018～2020年度における変化率の差はもっと顕著です。積立金全体については、対照群では1・0％減でしたが、突出群では23・4％増になっています。特に特定目的基金については、対照群では5・7％増であったのに対し、突出群では51・4％も増加しています。

突出群全体について実数でみると、2018～2020年度にかけて積立金現在高は2836億円から3157億円に321億円増でした。このうち特定目的基金については1809億円から2103億円へ293億円増でしたので、積立金全体の増分のほとんどは特定目的基金によるものであることが分かります。

使い切れずに基金積立

突出群においては、ふるさと納税による受入額を「一般行政サービスにはあまり使っていないため、返礼品などに支出したとしても、まだ残っているはず」と先ほど申しあげました。それがどこにいったかをざっくり計算してみます（3ヵ年平均）。

突出群全体の受入額は1461億円です。そのまま歳出決算額として特定目的基金に積み立てたとします。特定目的基金の一部を取り崩して988億円（ア）を一般会計に繰り入れます。これを返礼品の調達や送付に使います。これらの総費用は799億円（イ）です。アとイの差額は189億円です。この相当部分が歳計剰余金として特定目的基金に積み増しされ、取り崩されなかった積立金（ここではストックの概念です）と合わされて、現在高を累増させていると考えられます。

1741市区町村の合計値でみると、特定目的基金現在高は、2018年度の7兆8732億円から2020年度には7兆8285億円へ0・6％減少しました。けれども算術平均では9・9％増でした。なかでも人口1人当たり受入額が5000円を超える市区町村では11～12％の高い伸びを示しています。受入額がより多ければ、より多くの積み増しをしています。

多額のふるさと納税寄附金を受け入れている市町村では、その使途を明確にして寄附の募集をおこない、事後には進捗状況等を報告するよう努めています。これは間違いありません。ただし、その中身には少し注意しておく必要があります。

たとえば「健康・医療・福祉に2億円、教育・人づくりに1億円を充当した」という使途を公表していても、実際の行政サービスに実現されているとは限りません。それぞれ「健康・医療・福祉基金」「教育・人づくり基金」といった特定目的基金に寄附金を編入しているだけかもしれないのです。

補正予算の多用

ここらあたりの状況について、根室市を事例にして点検してみましょう。図表3でみたように、同市は人口1人当たり受入額において上位20位に入っています。

根室市監査委員「令和2年度根室市各会計歳入歳出決算審査意見書」によると、2020年度における同市の歳入の当初予算は191億3500万円でした。ところが決算では2倍あまりの４０８億８１３２万円に増加しています。ここには補正予算による「カラクリ」があります。

補正予算というのは、当該年度の予算が成立したあと、自然災害などのやむをえない事情が発生したときに、予算の追加や変更をおこなうものです。地方議会の特に9月定例会では、補正予算の審議がよくおこなわれます。自然災害などの場合には補正予算の意義が理解できます。けれども根室市のような突出群の市町村では、ふるさと納税寄附金の処理のために補正予算が多用されているようです。

根室市の場合、歳入科目である寄附金（広義）については、当初予算では8億円でした。地方税収入は約30億円ですので、まあ身の丈にふさわしい規模といえそうです。ところが年度途中で大幅な補正をおこなった結果、決算では当初予算の16倍近い約１２６億円に増えています。この増分のほぼ全額は、前年度比１・９倍に増加したふるさと納税寄附金によるものです。

歳入科目である繰入金についても、当初予算の約27億円から、決算では3倍あまりの約88億円にふくらんでいます。この相当部分も、ふるさと納税に関係する基金から一般会計への繰入とみられます。実際、「審査意見書」では、繰入金が増加した理由について「ふるさと応援基金や、防災対策基金、ふるさと応援地域医療安定化基金などが増加したことによるもの」とされています（このほかの歳入科目では、国庫支出金が当初予算の約17億円から約54億円に増加しています。これは新型コロナウイルス感染症対策に伴うものであり、全国共通の動きです）。

この間、目的別歳出科目である総務費については、当初予算の約25億円から、決算では9倍あまりの約232億円へ増加しています。そのほとんどの約231億円は総務管理費です。ふるさと納税の受入にかかわる費用は、主にここに含まれるようです。商工費については、当初予算の約2億円が決算では約5億円に増えていますが、それほど大きな額ではありません。

目的別歳出である総務費は、前述のとおり性質別歳出である積立金といわば表裏一体です。基金への支出である積立金は、前年度からほぼ倍増して約129億円になりました。これはふるさと納税の受入額の約126億円にほぼ同じです。当初予算の段階では分かるはずのない受入額を年度途中で予算に計上していることが分かります。

ふるさと納税寄附金をはじめとする歳入の増加に比べて歳出が少なければ当然、増えるのは積立金現在高です。同市の積立金現在高は2018年度には約61億円、うち特定目的基金は約49億円でした。これが2020年度にはそれぞれ倍増して約119億円、約105億円になっています。なかでも「ふるさと応援地域医療安定化基金」の現在高は

5・9億円から28・2億円へ4・8倍、「ふるさと応援基金」の現在高は8・0億円から19・3億円へ2・4倍にふくらんでいます。

一般会計と基金との頻繁なやりとり

少しややこしくなりました。ざっくりいえばこうです。根室市の2020年度決算の例です。基金取り崩しなどにはふるさと納税寄附金以外のお金の動きも含まれますが、多くはふるさと納税関係とみられます。

すなわち、根室市は約126億円（ア）のふるさと納税を歳入科目の寄附金として受け入れています。ほぼそのまま約129億円を歳出科目の積立金を通じて特定目的基金に支出します。その一方、特定目的基金から約88億円（イ）を取り崩して、繰入金として一般会計に繰り入れます。そのうち約63億円をふるさと納税にかかわる経費に支出します。このうち返礼品調達費は約37億円です。一部は一般行政サービスに使います。その結果、アとイの差額は約38億円（ウ）です。

同市における特定目的基金の現在高は、2019年度の66億円から2020年度には約105億円に増えました。この増分は約39億円（エ）です。特定目的基金の積み増しであるエの額は、受入額のうち使わなかった額であるウの約38億円におおむね一致しています。

使うに使えない

都道府県・市区町村では、財政難とも相まって職員の定員は抑えられています。にもかかわらず、高度化・多様化していく行政ニーズに対応しなくてはなりません。通常業務をこなしていくだけで手一杯のはずです。そこに多額のふるさと納税寄附金が入ってきます。前述のように、地方税収入を超える団体も少なくありません。

自由に使える一般財源が増えたからといって、通常業務以外の行政サービスを毎年度続けて実施していくことは可能でしょうか？

突出群ではいわゆるハコモノ整備に多くを支出しているわけでもありません（図表5を参照）。学校の備品整備やプール改修が毎年度継続的に実施されるとは考えにくいと思います。突出群で単独普通建設事業費が少ないのは、主要なハコモノ整備はすでに一巡しているからとも考えられます。特定目的基金に積み立てて複数年度にまたがって活用しようとしても、あまりにも額が大きければやはり使いこなせません。

このようにして、多額の寄附金を集める市町村においては、特定目的基金の積み増しが肥大化していると考えられます。

財政民主主義に抵触？

都道府県・市区町村は、住民の税負担のもとで行政サービスを供給します。そのため、税の使途である予算の編成、執行、決算、監査については透明かつ厳正な手続きで進めなくてはなりません。具体的には住民代表である議会の審議と議決を必要とします。住民は、これらのプロセスに選挙などを通して間接的に関与するだけでなく、事務監査請求をはじめとする直接的な参加の権利を有しています。これが「みんなの財布」についてみんなで管理する「財政民主主義」の考え方です。財政民主主義の理念を具現するため、地方財政の予算編成にはいくつかの基本原則があります【コラム5】。

通常の予算については、基本原則が徹底されています。ところが、ふるさと納税寄附金にかかわる予算は、基本原則から逸脱しがちです。たとえば、特定目的基金を造成し、その基金から一般会計への繰入を複数年度にまたがって繰り返したり、補正予算を多用したりするのは、一つの会計年度で歳入・歳出を完結させること、当該年度の歳入を歳出に充当すること、事前に議決を経ることといった基本原則からみると好ましいことではありません。

前出の中道（２０２０）は、総務省に異議申し立てをした大阪府泉佐野市の実態をルポしています。そのなかでは同市の特徴的な取り組みが紹介されています。たとえば、より多くの寄附を集めるためのノウハウを他市町村に公開したり、関西国際空港を拠点とするピーチ・アビエーションの寄航地に返礼品の連携を呼びかけたりといったことです。総務省への果敢な異議申し立てと並んで、これらの取り組みも評価されてしかるべきです。

ところが、同書を読んでいくと、同市の幹部へのインタビューのなかに、地方自治制度にとって看過できない事柄が出てきます。たとえば次のようなものです。

「多くの議員はふるさと納税の取り組みに賛同してくれているので、議会において補正予算がスムーズに議決されるほか、緊急の場合は専決予算を実行させてもらうなど、議会の承認を得られやすい環境がありました。例えば、新しい返礼品を月1億円のペースで出していきたいとして、それを購入することを議会で承認してもらうまで待たなければならないとなれば、好機を逃してしまいかねません。スピード感が生命線なので、すぐにやるべきことに取りかかれないのは大きなロスを生むのです」

「ふるさと納税は入ってきた寄附金を新しい返礼品の調達費として使える、つまりキャッシュフローを生む事業性のある取り組みなので、予算を立てずに臨機応変に対応する自治体が増えている」
「ものによっては市長に相談しますが、簡単なことは［幹部である］僕やチームの判断で実行できますから」

引用した発言のなかで「専決予算」というのは、都道府県知事・市区町村長の専決処分のことだと思います。議会が成立しないとき、開会が不能なとき、特に緊急を要するため議会を招集する時間的余裕がないとき、そして議会が議決すべき事件を議決しないとき、地方団体の長は議会を通さずに予算などを決定することができます。長はこれを次の議会で報告し、議会の承認を求めなくてはなりません。いわゆる二元代表制（地方団体の長と議員は、それぞれ直接選挙で選出され、住民を代表していること）のもとで、専決処分には制約が課せられています。

泉佐野市の幹部は、ふるさと納税をめぐる市長の専決処分が頻繁におこなわれているうえ、執行部にかなりの裁量が認められていることを、インタビュアの質問に対して図らずも吐露しているようです。

節操の保持

前述のとおり、2020年度の場合、1741市区町村における特定目的積立金現在高は7・8兆円、地方税収入は20・3兆円です。これは全市区町村の合計値をみたものです。個別にみると、すでに686団体（39・4％）において特定目的積立金現在高が地方税収入を超えています。うち36団体では10倍を超えています。これらの特異な団体に引っ張られて、全市区町村の平均倍率は1・6倍です。対照群の平均でも2・6倍ですが、突出群では4・4倍、つまり地方税収入の4・4年分の特定目的積立金現在高を抱えています。

中小規模の市町村において財政状況が厳しいことは理解できます。だからといって多額の寄附金を集めて使い切れずに基金を嵩増しさせているのは、マクロ経済の観点からも好ましいこととはいえません。

そんななか中道（2020）では、泉佐野市について興味深いトピックが紹介されています。市外からのふるさと納税寄附金の獲得にかまけて、市民税と国民健康保険料の徴収をなおざりにすることがないよう、未収金担当理事を設置するなどして徴収率の確保に努めているということです。それどころか、同市の取り立ては「消費者金融よりも厳しい」といわれているのだそうです。

同じことは、ふるさと納税寄附金の獲得に熱心なほかの市町村についてもいえます。伊藤（２０２０）では、突出群と対照群について地方税徴収率と不能欠損率を比較しています。それによるとたしかに有意な差は認められませんでした。伊藤（２０２０）で設定されている突出群と対照群の平均人口はそれぞれ1万数千人です。中小規模の市町村では一般に徴収率は高い傾向にあります。

これに対し、泉佐野市の人口は約10万人です。これくらいの規模になると、徴収率は小規模な団体より少し低めになりがちです。にもかかわらず泉佐野市が高い徴収率を維持しているのは、通常の徴税業務がおろそかにならないよう、ことのほか気を遣っている様子が想像されます。

なお、不能欠損とは徴収すべき額を消滅させることと、徴収を取り止めることをいいます。たとえば納税者が死亡し、相続人を探しても見つからないまま時効が成立したときなどに不能欠損の処理がされます。不能欠損率は、徴収すべき調定済みの地方税額に対する不能欠損の割合です。全市区町村平均では０・４～０・５％です。

【コラム5】　地方自治法による予算の原則

会計年度独立の原則：各会計年度の歳出は、当該年度の歳入をもって充当することとされます（第208条）。例外として、繰越金、過年度の収入・支出を現年度の歳入・歳出とすること、歳計剰余金の繰越などがあります。

単年度予算主義の原則：一つの会計年度の予算は、当該年度に執行し完結することとされます（第209条、第218条）。例外として、複数の会計年度にまたがる継続費、そのうち債務を伴う債務負担行為などがあります。

総計予算主義の原則：一つの会計年度における一切の収入・支出は、すべて歳入歳出予算に編入しなくてはならないというものです（第210条）。都道府県・市区町村の裁量は認められません。例外として、一時借入金、歳計剰余金（翌年度に繰り越すべき財源を除いた歳入歳出黒字）の基金への編入があります。

予算の事前議決の原則：各年度の予算は、都道府県・市区町村の長が調製し、各年度が開始する前に議会の議決を経なくてはなりません（第211条）。例外として、予算の専決処分、予備費、流用などがあります。

予算公開の原則：予算は広く一般に公開することが求められます（第219条、第243条）。

第3章

ふるさと納税は
どこからどこに向かっているか?

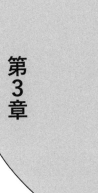

1　ふるさと納税の偏在性

寄附も受入も一部の市区町村に集中

本書の第2の疑問は、どのような市区町村がふるさと納税の利用に熱心か、ふるさと納税はどこからどこへ流れているか——ということです。前章で扱ったのは寄附を受ける側Doneeの問題でしたが、本章では主に寄附をする側Donorの視点からみていくことにします。その前に、ふるさと納税の寄附と受入の関係をざっと確認しておくことにします。

図表8は、人口1人当たり寄附額と人口1人当たり受入額について、それぞれランク別に市区町村の分布状況をみたものです（3ヵ年平均）。寄附額はおおむね1000円刻み、受入額はおおむね2000円刻みです。両方ともべき分布（一部に集中した「首長竜型」の分布であり、自然現象や社会現象では左右対称型の正規分布より一般的とされます）の形状をしています。

この分布の形状から、人口1人当たり寄附額と人口1人当たり受入額については偏在的

図表８　寄附額と受入額の分布状況

①人口１人当たり寄附額

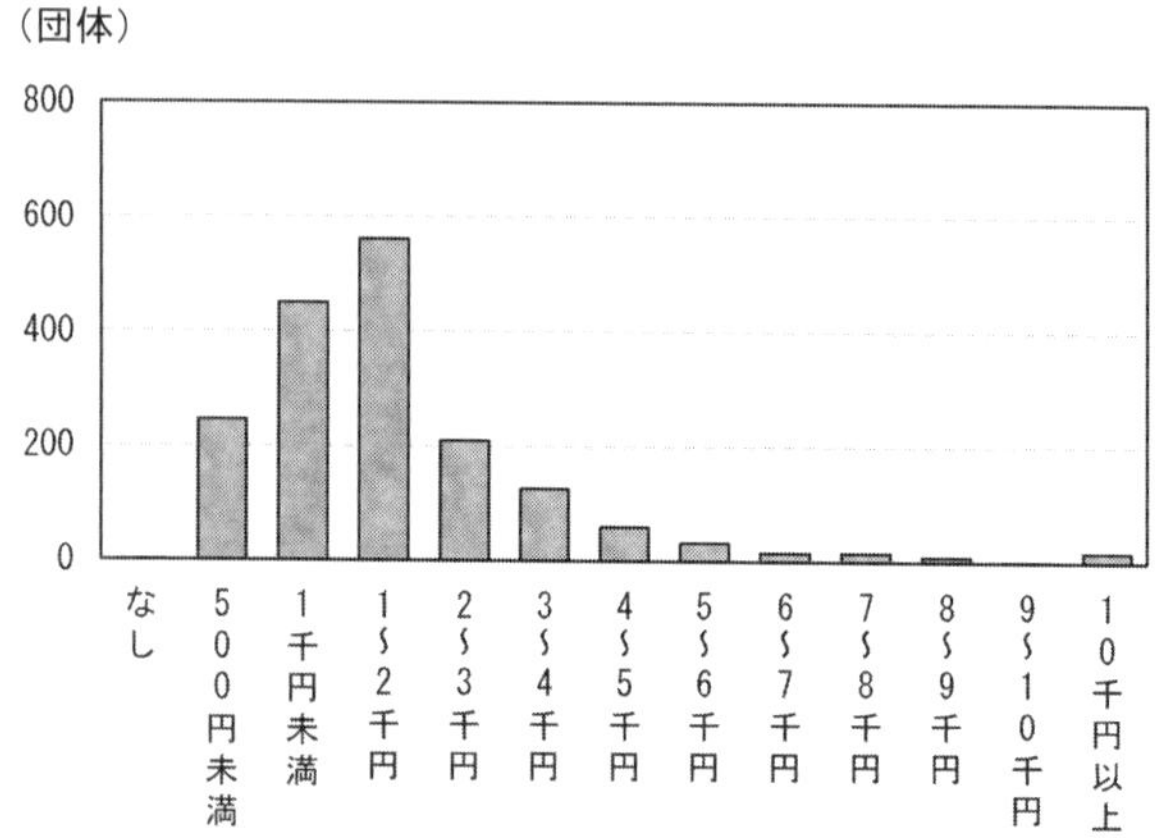

②人口１人当たり受入額

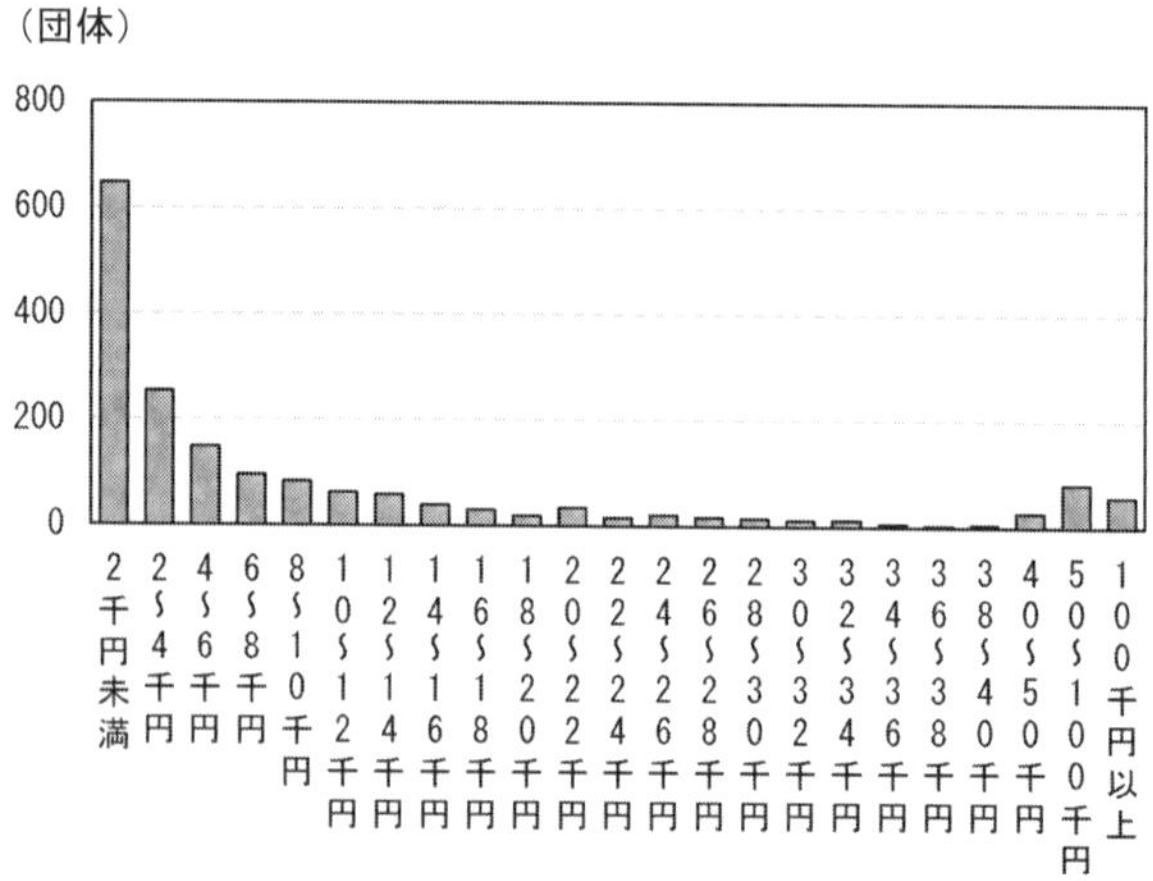

（注）総務省「ふるさと納税に関する現況調査」から作成（３ヵ年平均）。

であることが分かります。そのような偏りや格差を計測する指標としてよく使われるのがジニ係数です。ジニ係数は、ゼロに近いと偏りが小さく、1に近づくと偏りが大きくなります。たとえば、10人が10万円ずつ均等に保有しているときのジニ係数はゼロです。10人のうち8人が5万円ずつ計40万円、残り2人が30万円ずつ計60万円を保有していればジニ係数は0・4です。そして10人のうち1人に100万円が集中していればジニ係数は0・9になります。

1741市区町村（3ヵ年平均）についてジニ係数を計算してみると、人口1人当たり地方税収入のジニ係数は0・199、このうち人口1人当たり個人住民税収入のジニ係数は0・171です。地方税と個人住民税は、むしろ遍在的であるといえそうです。ところが、人口1人当たり寄附額については0・476、人口1人当たり受入額についてはさらに大きく0・801です。人口1人当たり寄附額と人口1人当たり受入額の偏在性がいかに大きいかが理解されます。

べき分布のロングテールに該当する市区町村は、少数であるにもかかわらず、寄附額または受入額そのものは巨額です。すなわち、人口1人当たり寄附額5000円以上の市区町村は89団体（全体の5・1％）にすぎないものの、寄附額では合計で2720億円、総額の53・8％を占めます。一方、人口1人当たり受入額5万円以上の市区町村は138団体（同7・9％）ですが、受入額では合計2299億円、総額の41・8％を占めています。人口1人当たり寄附額と人口1人当たり受入額のいずれも、該当数の少ない一部の市区町村に引っ張られて、中央値（全体の真ん中に位置する対象の値）に比べると平均が大きくなります。人口1人当たり寄附額については平均は1900円ですが、中央値は1300円です。人口1人当たり受入額については平均は1万8900円であり、中央値3600円の5倍以上になっています。

寄附と受入は逆の関係

一般には寄附額も受入額も多い市区町村というのは考えにくいでしょうから、寄附額と受入額とはいわばトレードオフの関係にあることが推察されます。

図表9は、人口1人当たり寄附額を7ランクに分けて、ランクごとに人口1人当たり寄附額と受入額の平均をみたものです。たしかに、寄附額が多い団体では受入額が少なく、寄附額が少ない団体では受入額が多いという関係が明瞭にあらわれています。

人口1人当たり寄附額が5000円を超える89市区町村のうち17団体では1万円を超えています。その多くは東京特別区であることは、図表3でご紹介したとおりです。図表9

図表９　寄附額と受入額の関係

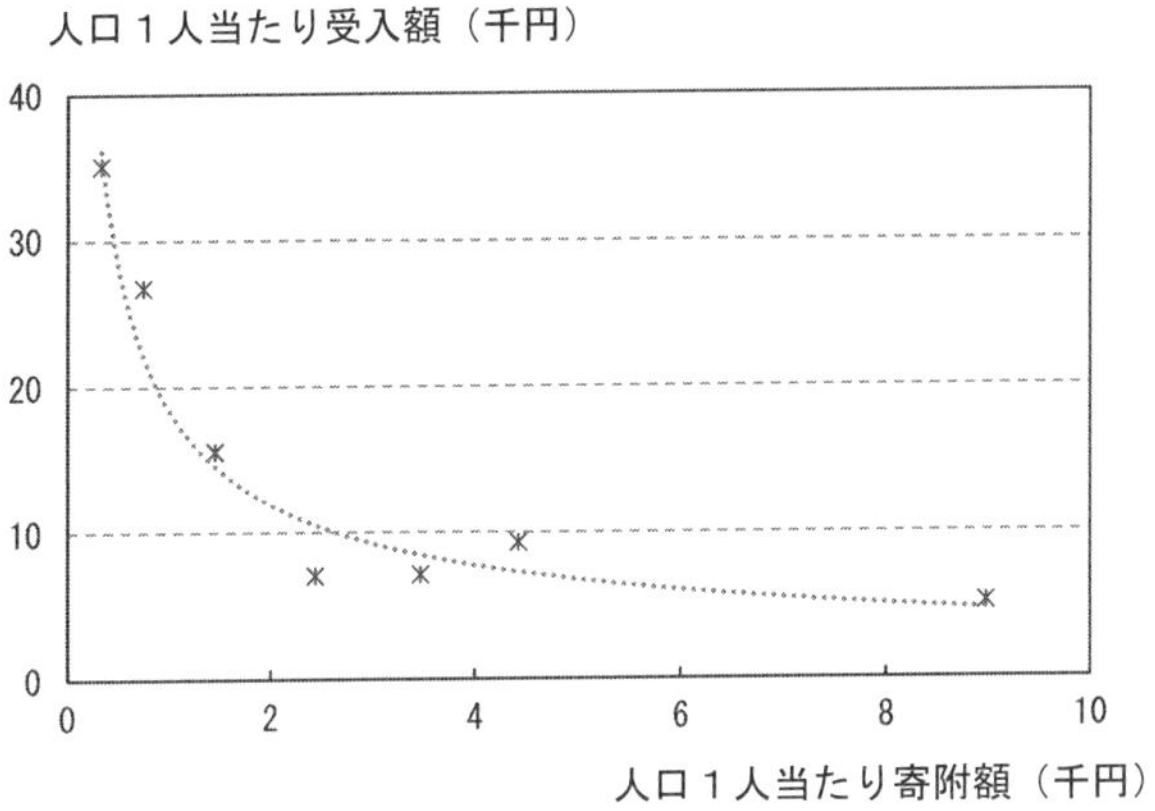

（注）総務省「ふるさと納税に関する現況調査」から作成（３ヵ年平均）。

では、人口１人当たり５０００円以上をまとめているため、４０００～５０００円の団体との間に隔たりがみられます。

１７４１市区町村を対象に、人口１人当たり寄附額と人口１人当たり受入額の相関係数を計算してみました。相関係数というのは、一方が増加または減少すれば他方も増加または減少するという直線的な関係にあるかどうかという度合いを計測する方法です。

相関係数がプラス１に近ければ、両方とも同じ方向に変化するという正の相関があり、マイナス１に近ければ、それぞれ反対の方向に変化するという負の相関があると判断されます。プラスマイナスゼロに近ければ、そのような直線的な関係はないことを意味します。

人口1人当たり寄附額と人口1人当たり受入額の相関係数はというと、マイナス0・068です。数値は低いのですが、対象数が多いので、これでも統計的に意味のある負の相関が指摘されます。

これら2変数に人口1人当たり課税対象所得を追加して、3変数間の相関係数を調べてみました。すると、人口1人当たり課税対象所得と人口1人当たり受入額の相関係数はマイナス0・080です。緩やかな負の相関がみられます。いいかえれば、高所得地域ではふるさと納税の獲得にはあまり乗り気ではないということです。

これに対し、人口1人当たり課税対象所得と人口1人当たり寄附額の相関係数は0・893です。かなり高い正の相関があります。これは、高所得地域では寄附に積極的であることを示唆しています。地域所得とふるさと納税の関係については、このあとでもう一度取り上げます。

寄附超過と受入超過

図表10は、図表9をもう少し詳しくみたものです。表側は人口1人当たり寄附額の7ラ

図表10　人口１人当たり寄附額と人口１人当たり受入額の関係

①該当団体数　（団体）

		人口１人当たり受入額							
		500円未満	500〜1000円	1000〜5000円	5000円〜1万円	１万〜２万円	２万〜５万円	５万円以上	合計
人口１人当たり寄附額	500円未満	7	15	72	45	46	35	27	247
	500〜1000円	22	26	138	78	65	58	63	450
	1000〜2000円	53	46	205	91	71	63	32	561
	2000〜3000円	55	23	71	26	21	7	7	210
	3000〜4000円	58	16	30	10	3	4	4	125
	4000〜5000円	31	12	10	2		1	3	59
	5000円以上	61	11	10	2	2	1	2	89
	合計	287	149	536	254	208	169	138	1, 741

②寄附受入差額　（億円）

		人口１人当たり受入額							
		500円未満	500〜1000円	1000〜5000円	5000円〜1万円	１万〜２万円	２万〜５万円	５万円以上	合計
人口１人当たり寄附額	500円未満	0	−1	−15	−26	−50	−76	−301	−469
	500〜1000円	2	0	−54	−88	−181	−221	−658	−1, 201
	1000〜2000円	41	18	−87	−239	−229	−508	−814	−1, 818
	2000〜3000円	165	82	25	−81	−140	−117	−128	−194
	3000〜4000円	555	74	32	−25	−6	−26	−97	506
	4000〜5000円	334	64	11	−3		−2	−261	143
	5000円以上	2, 342	225	48	−1	−2	−13	−11	2, 588
	合計	3, 438	462	−41	−463	−608	−963	−2, 269	−444

（注）総務省「ふるさと納税に関する現況調査」から作成（３ヵ年平均）。人口は同「住民基本台帳に基づく人口、人口動態及び世帯数」2020年１月１日現在。

ンク、表頭は人口1人当たり受入額の7ランクです。それぞれクロスしたセルに該当する市区町村数と寄附受入差額の実数を集計しています（3ヵ年平均）。

寄附受入差額というのは、それぞれの市区町村について、単純に寄附額から受入額を引いた値です。次章でみるような地方交付税による補塡の問題は考慮していません。1741市区町村における寄附額の総額は5051億円、受入額の総額は5495億円、その差額はマイナス444億円です（寄附の対象期間と受入の対象期間は異なるため、寄附額と受入額は一致しません）。

1741市区町村のうち1205団体（全体の69・2％）はマイナス、つまり受入超過です。残り536団体（同30・8％）はプラス、つまり寄附超過です。プラスの市区町村は2018年度には614団体でしたが、2019年度に553団体、2020年度に510団体、2021年度には523団体に少し減少しています。これは「何もしないと他地域に取られてしまう」といった理由から、ふるさと納税の獲得に乗り出した市町村が少なくないことを示唆しています。

図表10①の該当団体数の分布状況から明らかなように、人口1人当たり寄附額が少ないと人口1人当たり受入額は多く、これと対照的に人口1人当たり寄附額が多いと人口1人当たり受入額は少ない傾向にあることが分かります。

図表10②は、人口1人当たり寄附受入差額をみたものです。人口1人当たり寄附受入差額については、左下方の寄附超過団体と右上方の受入超過団体とにきれいに分かれます。寄附額5000円以上かつ受入額5000円未満の市区町村はたった61団体ですが、寄附受入差額ではプラス2342億円に達しています。反対に受入額5万円以上の138団体では、寄附受入差額の合計はマイナス2269億円です。これは2269億円の受入超過ということです。

寄附額2000円以上かつ受入額5000円未満であれば、例外なく寄附超過です。受入額が5000円を超えれば、ほぼ例外なく受入超過になっています。

2 ふるさと納税に熱心なのはどこか？

より大きな都市からより小さな市町村へ

ふるさと納税をよく利用しているのはどのような市区町村でしょうか？

ここでは、納税義務者に占めるふるさと納税寄附者数、課税対象所得（個人住民税所得割の対象となる所得）に占めるふるさと納税寄附額、ふるさと納税のうちワンストップ特例制度の利用率などについて、人口１人当たり寄附額のランク別にみていくことにします。

図表11は、人口１人当たり寄附額の7ランク別に主要な地域属性を比較したものです。寄附額５００円未満の２４７市町村の平均人口は７６５５人です。２０１５年からの人口変化率は９・４％減であり、最も低くなっています。65歳以上人口比率は41・９％であり、最も高くなっています。

これと対照的に、寄附額５０００円以上の89団体の平均人口は約39万人です。このうち39団体は、政令指定都市、中核市、東京特別区から構成されています。過去5年間の人口

図表11　人口１人当たり寄附額別にみた主要属性

	対象数	平均人口 2020年 （人）	人口変化率 2015～20年 （%）	65歳以上 人口比率 （%）	財政力指数 （指数）
500円未満	247	7,655	-9.4	41.9	0.23
500～1000円	450	19,137	-7.5	37.9	0.34
1000～2000円	561	43,632	-4.6	33.1	0.53
2000～3000円	210	109,553	-1.6	29.0	0.72
3000～4000円	125	192,163	-0.2	27.1	0.84
4000～5000円	59	177,996	1.3	26.0	0.85
5000円以上	89	389,101	3.4	23.6	0.73
全　体	1,741	73,026	-4.7	33.9	0.50

（注）総務省「市町村別決算状況調」2018～2020年度、同「住民基本台帳に基づく人口、人口動態及び世帯数」2020年１月１日現在から作成。変化は2015年１月１日現在との比較。

変化率は３・４%増です。65歳以上人口比率は23・６%であり、５００円未満のグループより20ポイント近く低いものとなっています。

人口１人当たり寄附額は、財政力指数とも比例的です。財政力指数というのは、行政サービスを供給するための需要額に対して、地方税などの収入がどの程度確保されているかをみる指標です【コラム６】。ゼロに近いと収入が不足し、財政力が弱いと判断されます。１に近いほど財政力は安定し、１を超えると原則として普通交付税は交付されません。

人口１人当たり寄附額が５００円未満あるいは５００～１０００円の市町村の財政力指数は０・２～０・３にとどまります。これは必要額の20～30%程度の収入しかないということです。これに対し、３０００円から５０００円の市区町村では0・8台です。5000円以上の市区町村では0・7台に少し低下しますが。

図表10と図表11をみると、ふるさと納税は、財政的に比較的余裕のある規模の大きい市区町村から、財政的に厳しい小規模町村に向かって流れていることが分かります。これは、「今は都会に住んでいても、自分を育んでくれた〝ふるさと〟に、自分の意思で、いくらかでも納税できる制度があっても良いのではないか」（総務省「ふるさと納税ポータルサイト」）というふるさと納税の当初の理念に適っていると、ひとまずはみなしてよさそうです。

高所得地域で多いふるさと納税

前節で触れたとおり、地域所得とふるさと納税寄附金のあいだにはかなり高い相関がみられます。図表12の1列目をみると、人口1人当たり課税対象所得の増加に対応して、人口1人当たり寄附額が増加していることが分かります。しかも仔細にみると、課税対象所得の伸びに比べて寄附額の伸びが大きくなっています。

たとえば寄附額500円未満の市町村の寄附額の平均は330円、課税対象所得の平均は92・9万円です。500〜1000円の市町村の寄附額の平均は740円、課税対象所得の平均は107・4万円です。課税対象所得の伸びは107・4万円÷92・9万

図表12　人口１人当たり寄附額別にみた寄附の状況

	人口１人当たり課税対象所得（千円）	納税義務者に占める寄附者数（％）	課税対象所得に占める寄附額（‰）	納税義務者１人当たり寄附額（円）	寄附者１人当たり寄附額（円）
500円未満	929	1.5	0.4	890	61,450
500～1000円	1,074	2.4	0.7	1,810	78,500
1000～2000円	1,254	3.8	1.2	3,290	89,220
2000～3000円	1,415	5.8	1.7	5,370	95,520
3000～4000円	1,540	7.7	2.3	7,490	99,520
4000～5000円	1,702	9.1	2.6	9,380	106,040
5000円以上	2,181	12.7	3.8	17,760	156,170
全　体	1,264	4.3	1.3	4,070	88,020

（注）総務省「ふるさと納税に関する現況調査」、同「市町村税課税状況等の調」から作成（３ヵ年平均）。

円で１・２倍ですが、寄附額の伸びは７４０円÷３３０円で２・２倍です。また、寄附額４０００～５０００円の市区町村の寄附額の平均は４４２４円、課税対象所得の平均は１７０・２万円です。５０００円以上の市区町村の寄附額の平均は８９８０円、課税対象所得の平均は２１８・１万円です。課税対象所得の伸びは１・３倍ですが、寄附額の伸びは２・０倍です。

実際、人口１人当たり課税対象所得を横軸、人口１人当たり寄附額を縦軸にして散布図を描いてみると、緩やかな右上がりの「Ｊ字」の形状になります。

課税対象所得の伸びより寄附額の伸びが大きいという特徴は、ふるさと納税におけるお金持ち優遇の問題が影響していると考えられます。第１章で触れたように、ふるさと納税による寄附額には総所得に応じて上限が定められています。高所得層ほど相対的に有利な仕組みになっていますので、高所得の納税義務者にとってふるさと納税の魅力には抗しがたいだろうと想像されます。

千代田区では3・6人に1人が利用

3ヵ年平均でみると、納税義務者は5888万人です。このうち451万人がふるさと納税を利用しています。利用率は7・7%。納税義務者の13人に1人が利用していることになります。

1741市区町村の利用率の算術平均は4・3%です。図表12の2列目はこれを人口1人当たり寄附額のランク別にみたものです。500円未満の団体で1・5%、500〜1000円の団体で2・4%、1000〜2000円の団体で3・8%ですが、2000〜3000円になると5%を超え、4000〜5000円の団体では10%近くになります。そして5000円以上の団体では12・7%、およそ8人に1人の割合になっています。

これを合計値でみると1706万人のうち209万人、12・3%です。

図表13の左列は、納税義務者に占める寄附者の割合の上位20団体をみたものです。この

うち13団体は東京特別区です。なかでも千代田区では利用率が27・5％、3・6人に1人の割合です。このほか中央区、港区、文京区でも20％を超えています。

図表13　納税義務者に占める寄附者数と課税対象所得に占める寄附額

納税義務者に占める寄附者数（%）		課税対象所得に占める寄附額（‰）	
東京都千代田区	27.5	東京都千代田区	7.4
東京都中央区	25.3	東京都中央区	7.2
東京都港区	21.8	沖縄県北大東村	6.8
東京都文京区	20.1	山梨県忍野村	6.8
東京都渋谷区	18.5	東京都渋谷区	6.2
東京都品川区	18.2	東京都港区	6.1
東京都目黒区	18.2	東京都文京区	5.7
東京都江東区	17.1	東京都目黒区	5.7
兵庫県芦屋市	17.1	兵庫県芦屋市	5.5
東京都新宿区	17.0	東京都品川区	5.3
東京都武蔵野市	15.7	東京都新宿区	5.2
山梨県忍野村	15.3	東京都江東区	5.0
東京都世田谷区	15.1	北海道北竜町	4.7
大阪府吹田市	15.0	千葉県浦安市	4.7
東京都台東区	14.8	東京都世田谷区	4.7
千葉県浦安市	14.7	東京都武蔵野市	4.7
愛知県長久手市	14.7	奈良県広陵町	4.6
奈良県生駒市	14.5	東京都豊島区	4.4
東京都墨田区	14.4	大阪府吹田市	4.4
東京都豊島区	14.4	大阪府箕面市	4.4

（注）総務省「ふるさと納税に関する現況調査」、同「市町村税課税状況等の調」から作成（3ヵ年平均）。

寄附者1人当たり8・8万円

図表12の3列目は、課税対象所得に占めるふるさと納税寄附額をみたものです。合計値でみた寄附額は5051億円、課税対象所得は201兆円です。金額ベースの利用率は2・5‰です。1741市区町村の算術平均では1・3‰です。

緒言でふれたように、2021年度の場合、納税義務者に対するふるさと納税利用者数は12・5％です。課税対象所得209兆円に対する寄附額は7682億円（市町村分）ですので、金額ベースの利用率は3・7‰です。それぞれ過去3ヵ年平均に比べて上昇しています。

課税対象所得に占めるふるさと納税寄附額を人口1人当たり寄附額のランク別にみると、500円未満と500〜1000円の団体では1‰未満、つまり1000分の1以下です。ところが5000円以上の団体では3・8‰です。図表13の右列に示すように、上位20団体のうち12団体では5‰を超えています。このうち9団体は東京特別区であり、千代田区と中央区では7‰台です。

東京特別区のように人口1人当たり寄附額が多い地域で、全般にふるさと納税に熱心であることは、図表12の4列目と5列目にもあらわれています。これは、納税義務者1人当者は４０７０円、後者は８・８万円です。

人口１人当たり寄附額が多いほど、納税義務者１人当たり寄附額と寄附者１人当たり寄附額も大きくなっています。とりわけ５０００円以上の団体では納税義務者１人当たり寄附額の平均は１万７７６０円、寄附者１人当たり寄附額の平均は15・６万円です（図表12）。図表14の左列に示すように、千代田区、港区、渋谷区では納税義務者１人当たり寄附額が５万円から８万円近くにのぼっています。

図表14の右列は、ふるさと納税の寄附者１人当たり寄附額の上位20団体をみたものです。これまでとは違う新しい顔ぶれがみられます。容易に想像されるとおり、大都市以外の市町村においては、より少数の寄附者がより多額の寄附をしている例が少なくありません。３ヵ年平均の寄附者数をみると、北海道安平町では133・３人と３桁ですが、沖縄県北大東村では３・３人、同栗国村では１・３人、青森県風間浦村では１・７人などとなっています。

これに対し、東京都千代田区の寄附者は１万人台、渋谷区で２万人台、港区で３万人台です。人口１人当たり寄附額が多い地域、つまり高所得地域では、ふるさと納税の利用率が高く、その単価も高いとなると、所得税と個人住民税への影響が一段と増すことが懸念されます。

課税対象所得に対するふるさと納税の割合は高くても1%未満です。いまのところ心配するほどのことではないようにみえるかもしれません。けれども第4章でご紹介するよう

図表14　納税義務者1人当たり寄附額と寄附者1人当たり寄附額

納税義務者1人当たり寄附額（円）		寄附者1人当たり寄附額（円）	
東京都千代田区	76,330	沖縄県北大東村	2,065,000
東京都港区	71,850	沖縄県粟国村	455,750
東京都渋谷区	54,130	北海道安平町	385,220
東京都中央区	48,310	青森県風間浦村	356,000
兵庫県芦屋市	36,650	東京都港区	329,460
東京都目黒区	35,720	東京都渋谷区	293,130
東京都文京区	35,260	徳島県那賀町	278,130
山梨県忍野村	34,740	東京都千代田区	277,080
東京都新宿区	28,810	福島県大熊町	269,680
東京都世田谷区	26,680	北海道北竜町	267,310
東京都品川区	26,350	栃木県日光市	259,580
東京都武蔵野市	25,150	千葉県長南町	255,970
沖縄県北大東村	22,920	北海道中川町	241,720
東京都江東区	22,280	長野県軽井沢町	235,440
千葉県浦安市	21,550	沖縄県多良間村	229,310
東京都豊島区	19,910	山梨県忍野村	226,380
東京都杉並区	19,220	奈良県川上村	225,220
大阪府箕面市	18,720	青森県鶴田町	220,470
愛知県長久手市	18,500	兵庫県芦屋市	213,830
兵庫県西宮市	18,440	長野県上田市	211,200

（注）総務省「ふるさと納税に関する現況調査」、同「市町村税課税状況等の調」から作成（3ヵ年平均）。

に、東京特別区や政令指定都市においては、住民によるふるさと納税の利用率が高まっていることにより、「公共サービスの持続に支障をきたすことが懸念される」（特別区長会）といった強い危機感を表明しています。

ふるさと納税のヘビーユーザー

総務省「ふるさと納税に関する現況調査」では、ふるさと納税の寄附と受入に関する詳しい状況を把握することができます。ところが、これはもとはといえば都道府県・市区町村の担当者が記入した調査票を集計したものです。なかには明らかに記入ミスとみられる数値が出てきます。

第1章でご紹介したように、都道府県・市区町村の歳入には「寄附金」という科目があります。ふるさと納税による寄附金はその一部です。総務省「ふるさと納税に関する現況調査」を仔細にみていくと、広義の寄附金の利用人数または寄附額より、ふるさと納税寄附金の利用人数または寄附額が多い市区町村があります。２０１８～２０２０年度の３ヵ年ではのべ36団体にのぼります。

そこで、本書のこの項に限り、これらの団体を除いた１７０５市区町村を対象にしています。全市区町村を対象にした数値とは一致しません（全1741市区町村に対するこれら36団体の割合は、人数ベースでも金額ベースでも0・2〜0・3％です）。

広義の寄附金のうちふるさと納税が占める割合を1705市区町村の平均でみると、寄附者数ベースで90・8％、寄附額ベースで91・0％です。そのなかでも人口1人当たり寄附額が3000円を超える団体では、人数ベースでも金額ベースでもふるさと納税の割合が96〜97％を占めています。より多額の寄附をする地域あるいはより高所得の地域では、ふるさと納税による寄附が従来の寄附を圧倒しています。

ワンストップ特例制度の利用状況についても同じような傾向がみられます。

寄附先が5団体以内であるときに限定されますが、同制度を利用することで確定申告の必要がなくなり、すべて個人住民税からの控除が適用されます。この制度の利用率が高いのは、ふるさと納税の仕組みに詳しい寄附者が多い地域とみなしてよいのではないでしょうか。

前出の図表2でみたように、ワンストップ特例制度の利用状況は年々高くなっています。1705市区町村の合計値で利用率をみると（3ヵ年平均）、人数ベースで45・1％、金額ベースで24・9％です。ふるさと納税による寄附者のうちすでに5割近くが特例制度を利用しています。

１７０５市区町村の算術平均でみた利用率は、人数ベースで42・２%、寄附額ベースで26・２%です。人口１人当たり寄附額のランク別にみると、３０００円から５０００円の団体では人数ベースで46%前後、寄附額ベースで約28%であり、最も高くなっています。５０００円以上の団体は、これに次ぐ二番手といったところです。

人数ベースの利用率より金額ベースの利用率が低いのは、５団体以内という小口の寄附が多いからだと考えられます。実際、寄附者１人当たり寄附額で単価をみると、１７０５市区町村の平均は８万６８００円です（図表12の対象は１７４１市区町村ですので、ここでの数値と少し違います）。一方、ワンストップ特例制度の利用者については５・０万円です。平均より３万円以上低くなっています。

これらのことから示唆されるように、より多額の寄附をしているヘビーユーザーだからといって、ワンストップ特例制度をより多く利用しているヘビーユーザーとは限らないようです。寄附者１人当たり寄附額と金額ベースのワンストップ特例制度利用率の相関係数はマイナス０・４２９です。明らかに負の相関がみられます。寄附者１人当たり寄附額が15万円以上の46団体では利用率の平均は10・９%ですが、寄附者１人当たり寄附額が５万円未満の86団体では34・３%です。これらの市町村では小口の寄附が多用されている様子がうかがえます。

寄附者の地域アタッチメント

ふるさと納税の受入額（ア）については、当該市区町村外からの寄附（イ）が内数として集計されています。アからイを引いた額を地域内受入額（ウ）、アに対するウの比率を地域内受入比率と呼ぶことにします。以下の対象は全1741市区町村です。

全市区町村の合計値で地域内受入比率をみると、2691万件のうち36万件、1・3％、5495億円のうち107億円、2・0％にすぎません。圧倒的に地域外からの寄附が多いことが分かります。返礼品であれば地元のものより他地域の特産品に魅力を感じるでしょうから、これは返礼品目当ての寄附が大勢であることを示唆していると解釈してよさそうです。

全市区町村の算術平均でみた地域内受入比率は、件数ベースで3・8％、金額ベースで5・8％です。一方、寄附1件当たりの受入額の平均は3万7300円ですが、このうち地域外からは3万6300円であるのに対し、地域内からは20・9万円です。地域内からの寄附は寄附全体の数パーセントにすぎないにもかかわらず、単価は高くなっています。これは「住んでいる地域のために」という地域アタッチメントのあらわれといえるかもしれません。

そのなかで人口１人当たり寄附額５０００円以上の市区町村においては、人口１人当たり受入額は少ない半面、地域内受入比率が高いことが特徴です。件数ベースでも金額ベースでもそれぞれ平均の5〜6倍に達しています。金額ベースの地域内受入比率は、東京都江戸川区、同調布市、同狛江市で90％台、同文京区、同大田区、愛知県名古屋市、同刈谷市で80％台、千葉県市川市、東京都世田谷区、同練馬区、福岡県福岡市で70％台となっています。

これらの市区町村では、地域内受入比率は相対的に高いものの、地域内からの1件当たり受入額は15・2万円であり、全市区町村平均を少し下回ります。その一方、地域外からの1件当たり受入額は10・3万円であり、平均の3倍近くです。しかも地域内からの1件当たり受入額との差があまり大きくありません。

つまり、人口１人当たり寄附額が５０００円以上の高所得地域は、人口１人当たり受入額は小さいにもかかわらず、地域内受入比率が高いと同時に、地域外からの受入単価が高いという不思議な特徴を示しています。前者は「住んでいる地域のために」という居住者による地域アタッチメントのあらわれだとすれば、後者は「ゆかりのある地域のために」という非居住者による地域アタッチメントのあらわれとみなせるかもしれません。

【コラム6】 財政力指数とは

コラム3で地方交付税制度を取り上げたときに、基準財政収入額と基準財政需要額についてご紹介しました。財政力指数は、基準財政収入額÷基準財政需要額の比のことです。単年度だと自然災害や経済情勢による変動がありますので、過去3ヵ年平均で計算します。

財政力指数は、必要な行政サービスを供給するための費用に対して、地方税収入などが確保されているかどうかを判断します。指数が1を超えていれば財政的に余裕があることになり、原則として普通交付税は交付されません。

本書で使用している2018〜2020年度平均でみると、財政力指数が高いのは愛知県飛島村2・20、青森県六ヶ所村1・78、福島県大熊町1・66、北海道泊村1・64、長野県軽井沢町1・64、大阪府田尻町1・54など。低いのは鹿児島県三島村0・06、沖縄県渡嘉敷村0・07、鹿児島県十島村0・07、山梨県丹波山村0・07などです。

3 どこからどこに向かっているか？

人口7・8万人を超えると寄附超過型

図表15は、表側を人口1人当たり寄附額の7ランク、表頭を人口規模の7ランクにして、該当する市区町村数と寄附受入差額の実数を集計したものです（3ヵ年平均）。

一見して明らかなように、該当団体数は左上方から右下方にかけて分布しています。人口1人当たり寄附額が少ない団体の人口規模は小さいのに対し、寄附額が多い団体の人口規模は大きいことが分かります。右上方、つまり寄附額が少なく人口規模が大きい団体はありません。反対に左下方、つまり寄附額が多く人口規模が小さい団体は少数ながら存在します。

人口50万人以上の都市は35団体（全体の2・0％）、受入額では合計で95億円（同1・7％）ですが、寄附額は合計で2031億円（同40・2％）を占めます。

他方、人口1万人未満の市町村は合計で519団体（同29・8％）ですが、寄附額で

図表15　人口規模別にみた寄附額と受入額の関係

①該当団体数

（団体）

		5000人未満	5000～1万人	1万～5万人	5万～10万人	10万～15万人	15万～50万人	50万人以上	合計
人口1人当たり寄附額	500円未満	122	70	54	1				247
	500～1000円	89	91	235	32	3			450
	1000～2000円	44	71	282	110	34	20		561
	2000～3000円	8	8	67	55	29	38	5	210
	3000～4000円	3	5	28	22	19	38	10	125
	4000～5000円	3	1	9	16	10	16	4	59
	5000円以上	2	2	7	17	9	36	16	89
	合計	271	248	682	253	104	148	35	1,741

②寄附受入差額

（億円）

		5000人未満	5000～1万人	1万～5万人	5万～10万人	10万～15万人	15万～50万人	50万人以上	合計
人口1人当たり寄附額	500円未満	−98	−156	−213	−2				−469
	500～1000円	−155	−174	−772	−98	−2			−1,201
	1000～2000円	−39	−120	−1,059	−321	−141	−138		−1,818
	2000～3000円	−6	−11	−170	−114	−39	75	72	−194
	3000～4000円	−18	−2	−82	−2	47	272	292	506
	4000～5000円	−3	−2	−21	40	−192	202	120	143
	5000円以上	−5	−5	9	84	77	977	1,451	2,588
	合計	−325	−469	−2,308	−414	−250	1,387	1,935	−444

（注）総務省「ふるさと納税に関する現況調査」から作成（3ヵ年平均）。人口は同「住民基本台帳に基づく人口、人口動態及び世帯数」2020年1月1日現在。

は合計で25億円（同0・5％）にすぎません。ところが受入額では819億円（同14・9％）もあります。

寄附受入差額をみると、人口15万人以上ではおおむねプラス（寄附超過）であるのに対し、5万人未満ではほぼ例外なくマイナス（受入超過）になっています。

人口xと寄附受入差額yのあいだには、人口が多くなれば寄附受入差額のプラス幅が大きくなるという正の相関がみられます。

1741市区町村に関する相関係数は0・702です。かなり高いといえます。両者の関係は $y = 0.056x - 4.367$ という一次式によって表現されます。この式を当てはめると、人口約7・8万人を境に、これより多ければ寄附超過、少なければ受入超過になると見込まれます。人口7・8万人というのは、埼玉県本庄市、岐阜県中津川市、三重県名張市、京都府福知山市、同木津川市、大阪府交野市が該当します（2020年1月1日現在）。このうち中津川市と福知山市は受入超過ですが、残り4都市は寄附超過になっています。

所得の高きから低きへ

図表16は、表側を人口1人当たり寄附額の7ランク、表頭を納税義務者1人当たり課税対象所得の7ランクにして、該当する市区町村数と寄附受入差額の実数を集計したものです（3ヵ年平均）。

前節でご紹介したように、高所得地域では人口1人当たり寄附額が多い傾向にあります。図表16をみると、やはり右下方、つまり課税対象所得が高い地域では寄附額が多く、左上方、つまり課税対象所得が低い地域では寄附額が少なくなっています。左下方、つまり課税対象所得が少なく寄附額が多い市区町村はありません。

図表16　課税対象所得別にみた寄附額と受入額の関係

①該当団体数

（団体）

		240万円未満	240～260万円	260～280万円	280～300万円	300～320万円	320～340万円	340万円以上	合計
人口1人当たり寄附額	500円未満	97	104	26	12	4	3	1	247
	500～1000円	42	210	145	33	14	3	3	450
	1000～2000円	2	35	193	244	65	12	10	561
	2000～3000円			7	44	105	49	5	210
	3000～4000円				3	27	58	37	125
	4000～5000円					2	9	48	59
	5000円以上				1		1	87	89
	合計	141	349	371	337	217	135	191	1, 741

②寄附受入差額

（億円）

		240万円未満	240～260万円	260～280万円	280～300万円	300～320万円	320～340万円	340万円以上	合計
人口1人当たり寄附額	500円未満	−201	−240	−14	−11	−2	−1	0	−469
	500～1000円	−114	−673	−313	−61	−34	−6	0	−1, 201
	1000～2000円	−12	−131	−918	−516	−219	−12	−9	−1, 818
	2000～3000円			−14	−174	−89	80	4	−194
	3000～4000円				−6	82	251	179	506
	4000～5000円					−230	22	351	143
	5000円以上				−5		0	2, 593	2, 588
	合計	−328	−1, 044	−1, 259	−773	−492	333	3, 118	−444

（注）総務省「ふるさと納税に関する現況調査」、同「市町村税課税状況等の調」から作成（３ヵ年平均）。人口は2020年１月１日現在。

納税義務者1人当たり課税対象所得が最も多い３４０万円以上の市区町村は１９１団体（全体の11・０％）ですが、寄附額では合計で３分の２あまりの３４３４億円（同68・０％）を占めています。そのなかでも課税対象所得３４０万円以上かつ寄附額５０００円以上の87団体（同５・０％）だけで過半数の２７２０億円（同53・９％）に達しています。その半面、これら87団体の受入額は１２６億円（同２・３％）です。１９１団体まで広げても３１６億円（同５・８％）にすぎません。

これに対し、課税対象所得２４０万円未満と２４０〜２６０万円の市町村は合計で４９０団体（同28・１％）ですが、寄附額では合計で56億円（同１・１％）にすぎない半面、受入額では合計で１４２８億円（同26・０％）になっています。

納税義務者１人当たり課税対象所得が３２０万円未満の団体では、おおむね受入超過になっています。３２０万円を超えるとおおむね寄附超過に転じています。

１７４１市区町村を対象にもう少し詳しくみてみると、納税義務者１人当たり課税対象所得 x と人口１人当たり寄附受入差額 y の相関係数は０・４１０です。比較的高いといえます。両者の関係は $y=0.110x-32.143$ という一次式によって表現されます。この式を当てはめると、納税義務者１人当たり課税対象所得が約２９２万円を超えれば寄附超過になり、これを下回れば受入超過になります。

納税義務者１人当たり課税対象所得が２９２万円に該当する市町村は15団体です。このうち寄附超過であるのは富山県滑川市、岐阜県垂井町など４団体です。北海道北見市、同根室市、和歌山県橋本市など残り11団体では受入超過になっています。

ところで、納税義務者１人当たり課税対象所得が２４０万円未満、つまり相対的に低所得の１４１団体の受入額は合計で３３４億円（全体の６・１％）です。他方、３４０万円以上、つまり高所得の191団体の受入額は合計で316億円（同5・8％）です。寄附額では7億円対344億円という圧倒的な差がありますが、受入額では18億円の差しかありません。これは、前節でみたように、高所得地域では地域内への寄附が比較的多いことのあらわれと考えられます。

財政力の高さから低さへ

前述のように、人口と人口1人当たり寄附受入差額のあいだには、0・699というかなり高い相関がみられます（対象は東京特別区を除く1718市町村）。人口と財政力指数の相関係数も0・331であり、比較的高いものとなっています。したがって当然、財政力指数と人口1人当たり寄附受入差額のあいだに相関があることが想像されます。実際、前二者の場合に比較すると低いのですが、財政力指数と人口1人当たり寄附受入差額の相関係数は0・183です。緩やかな正の相関が認められます。

図表17は、表側を人口1人当たり寄附額の7ランク、表頭を財政力指数の6ランクにして、該当する市区町村数と寄附受入差額の実数を集計したものです（3ヵ年平均）。両者に相関関係があることから、前項までみてきた人口ランク別ならびに課税対象所得ランク

図表17　財政力指数別にみた寄附額と受入額の関係

①該当団体数　（団体）

		0.2未満	0.2～0.4	0.4～0.6	0.6～0.8	0.8～1.0	1.0以上	合計
人口1人当たり寄附額	500円未満	110	128	4	1	3	1	247
	500～1000円	75	241	106	22	3	3	450
	1000～2000円	23	132	213	143	32	18	561
	2000～3000円	6	9	38	82	62	13	210
	3000～4000円		4	9	34	64	14	125
	4000～5000円		2	1	11	35	10	59
	5000円以上	2		1	10	29	47	89
	合計	216	516	372	303	228	106	1,741

②寄附受入差額　（億円）

		0.2未満	0.2～0.4	0.4～0.6	0.6～0.8	0.8～1.0	1.0以上	合計
人口1人当たり寄附額	500円未満	-69	-388	-4	-1	-7	0	-469
	500～1000円	-73	-718	-369	-24	-5	-12	-1,201
	1000～2000円	-23	-488	-861	-317	-120	-9	-1,818
	2000～3000円	-1	-39	-113	-65	19	6	-194
	3000～4000円		-20	2	102	449	-27	506
	4000～5000円		-3	1	26	16	104	143
	5000円以上	-5		-6	111	1,116	1,373	2,588
	合計	-171	-1,656	-1,351	-168	1,468	1,435	-444

（注）総務省「ふるさと納税に関する現況調査」、同「市町村別決算状況調」から作成。（３ヵ年平均）。東京特別区は財政力指数1.0以上に区分。人口は2020年１月１日現在。

別の場合と同様、財政力指数別にみても右下方から左上方にかけて分布していることが分かります。

財政力指数が１を超える市区町村は１０６団体（全体の６・１％）ですが、寄附額では合計で１６３７億円（同32・４％）を占めます。そのなかでも人口１人当たり寄附額が５０００円以上の47団体の寄附額は合計で１４３９億円（同28・５％）に達しています。

その半面、これら１０６

団体における受入額は合計で２０３億円（同３・７％）にとどまります。

財政力指数が０・４未満の市町村は７３２団体（同42・０％）であり、全体の４割を超えます。

これら７３２団体の寄附額の合計はわずか81億円（同１・６％）にすぎないものの、受入額は合計で１９０８億円（同34・７％）、全体の３分の１あまりを占めています。

一部に例外もありますが、財政力指数が０・８を超えると、おおむね寄附超過になっています。０・４未満の市町村では例外なく受入超過です。

図表17の左下方をご覧ください。いままでみてきたことからすれば、財政力指数が低いのに人口１人当たり寄附受入差額が大きくなるケースは考えにくいはずです。ところが該当する団体が二つあります。しかも符号はマイナス、受入超過です。これらは北海道北竜町（人口１７９８人）と沖縄県北大東村（同５８９人）という小規模団体です。いずれも寄附額より受入額が多いにもかかわらず、人口１人当たり寄附額は比較的多いという点で共通しています。

寄附受入差額の上位・下位団体

図表18は、実数ベースで寄附受入差額の上位・下位20団体をみたものです。人口1人当たりの場合（図表3）に比べると、一部に異同がありますが、かなり重なっています。符号のマイナスは、寄附額より受入額が多いことを意味します。

受入超過幅が大きいのは、泉佐野市231億円、宮崎県都城市110億円などです。第1章でご紹介しましたが、静岡県小山町、泉佐野市、和歌山県高野町、佐賀県みやき町は、返礼品規制などの基準に適合的でないとして、2019年に総務省から特例控除の対象から外されたことがあります。これら4団体は、いずれも受入超過幅上位20位に入っています。

受入超過幅上位20団体の都道府県別構成をみてみると、北海道・佐賀県・鹿児島県がそれぞれ3市町村、静岡県・和歌山県・宮崎県がそれぞれ2市町村です。同一道県内の複数の市町村が上位に並んでいます。これは「あの自治体がそこまでやるのならうちも」という競争が起きている可能性を示唆しています。

実際、緒言で触れたように、深澤（2019）、末松（2020）、Fukasawa *et.al.* (2020)では、ふるさと納税の返礼品をめぐって、そのような相互参照行動がみられることが指摘

図表18　寄附受入差額の上位・下位20団体

（億円）

受入超過		寄附超過	
大阪府泉佐野市	−231	神奈川県横浜市	257
宮崎県都城市	−110	愛知県名古屋市	158
静岡県小山町	−87	大阪府大阪市	136
北海道根室市	−80	東京都世田谷区	130
北海道紋別市	−77	神奈川県川崎市	109
宮崎県都農町	−77	東京都港区	104
和歌山県高野町	−66	福岡県福岡市	85
北海道白糠町	−66	埼玉県さいたま市	75
佐賀県みやき町	−64	兵庫県神戸市	73
佐賀県上峰町	−48	東京都渋谷区	72
山形県寒河江市	−45	北海道札幌市	71
茨城県境町	−43	京都府京都市	70
鹿児島県志布志市	−41	東京都大田区	62
鹿児島県南さつま市	−37	東京都江東区	61
和歌山県湯浅町	−37	東京都杉並区	61
山梨県富士吉田市	−37	東京都品川区	60
佐賀県唐津市	−36	東京都目黒区	57
新潟県燕市	−35	千葉県千葉市	55
静岡県焼津市	−34	東京都新宿区	53
鹿児島県大崎町	−32	東京都練馬区	51

（注）総務省「ふるさと納税に関する現況調査」から作成（３ヵ年平均）。

されています。

受入超過幅上位20団体の平均人口は４万６５００人です。これに対し、寄附超過幅上位20団体の平均人口は、その25倍の１２０万人です。人口１人当たり寄附額（図表3を参照）の場合と違って、寄附超過幅上位には、世田谷区や港区といった東京特別区よりも、神奈川県横浜市、同川崎市、愛知県名古屋市、大阪府大阪市などの政令指定都市が上位にランクされています。

4　都道府県間のやりとりはどうなっているか？

寄附超過16都府県、受入超過31道県

総務省「ふるさと納税に関する現況調査」では、市区町村間での寄附と受入の状況は集計されていません。本書では、市区町村のデータを加工して、都道府県間のやりとりを推定してみます。

その前に図表19をご覧ください。これは、1741市区町村のデータを47都道府県に集約して、人口1人当たり寄附額と人口1人当たり受入額の関係をみたものです。図表19は基本的には図表9に対応しています。人口1人当たり寄附額と人口1人当たり受入額のあいだには緩やかな負の相関が認められますが、図表19についても47都道府県が「L字」のように並んでいます。

寄附額と受入額のあいだには期間のずれがあり、金額は一致しません。寄附額と受入額のなかには同一都道府県内でのやりとりも含まれます。そういう制約はあるのですが、47

図表19　人口１人当たり寄附額と人口１人当たり受入額

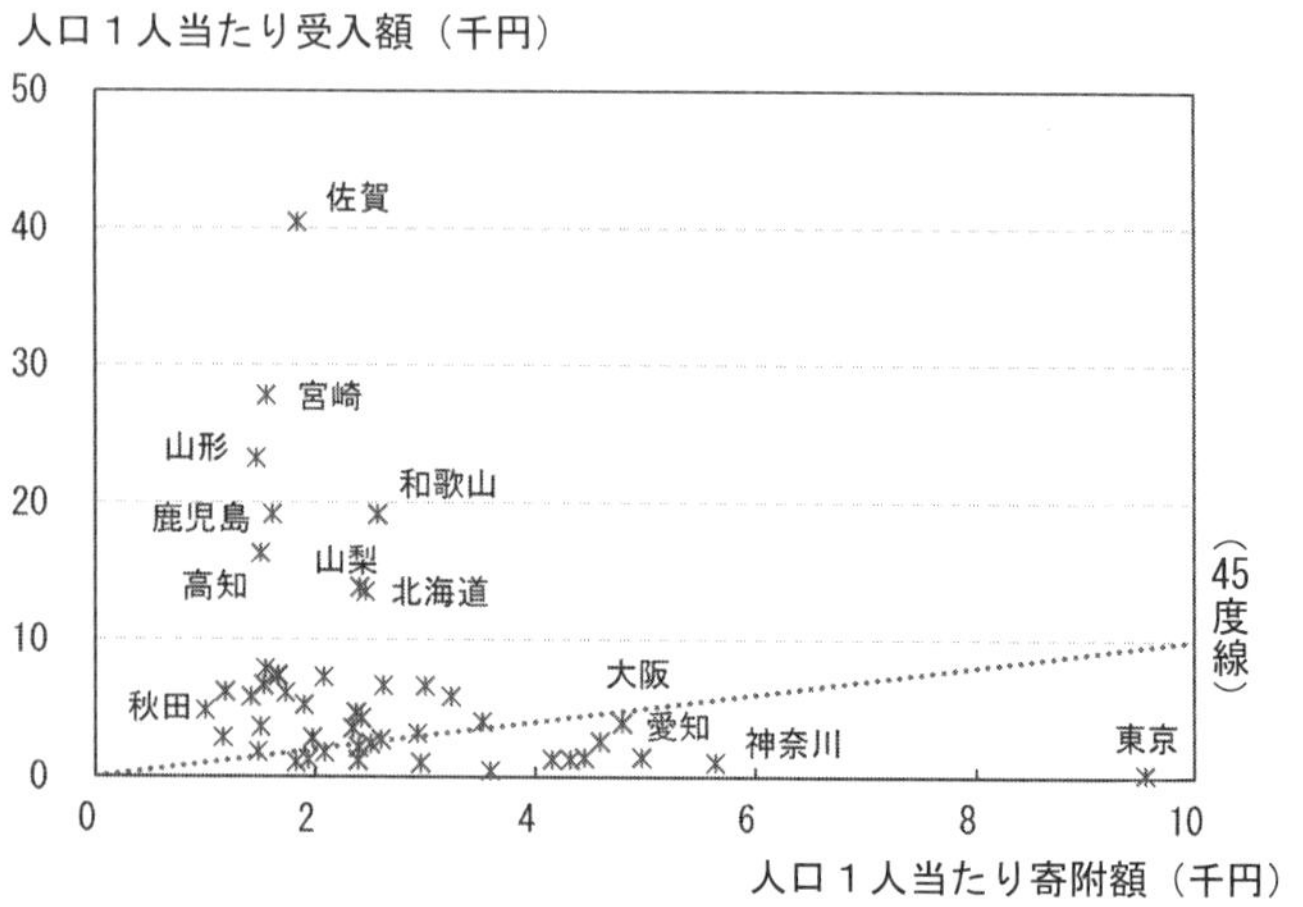

（注）総務省「ふるさと納税に関する現況調査」から作成（３ヵ年平均）。

都道府県に集約してみると、寄附額と受入額の関係はゼロサム（関係者間の利得の合計がプラスマイナスゼロで変わらないこと）であることがみてとれると思います。いいかえれば、寄附超過と受入超過とは全体としては相殺されます。

45度線より下方、つまり寄附超過であるのは、東京都、神奈川県、大阪府など大都市圏を中心とした16都府県です。残りの31道県は受入超過です。多くの府県では、寄附受入差額があまり大きくありません。そのため45度線の近傍に集まっています。

そのなかで寄附受入差額のプラス幅が大きい寄附超過型地域は、東京都９３００円、神奈川県４６００円、愛知県3500円などです。

反対に寄附受入差額のマイナス幅が大きい受入超過型地域は、佐賀県マイナス3万8600円、宮崎県マイナス2万6200円、山形県マイナス2万1800円などです。これらのほか北海道、山梨県、和歌山県、高知県、鹿児島県ではマイナス幅が1万円を超えています。それだけ受入額が大きいということです。

多地域に寄附をする東京、多地域から受け入れる北海道

前項と同様、1741市区町村の寄附額と受入額を47都道府県に集約したうえで、表側を47都道府県別の寄附額、表頭を47都道府県別の受入額とし、47都道府県別の受入額の構成比で寄附額（合計5051億円）を配分しました。その結果が図表20です。

図表20の行の合計は寄附額を示しています。寄附額はやはり東京都の1321億円（全体の26・2％）が突出しています。これに次いで神奈川県519億円（同10・3％）、大阪府424億円（同8・4％）、愛知県376億円（同7・4％）、千葉県273億円（同5・4％）、埼玉県265億円（同5・2％）、兵庫県255億円（同5・0％）という大都市圏の府県が並んでいます。これら7都府県の合計は、全体の3分の2を超える

（億円）

三重	滋賀	京都	大阪	兵庫	奈良	和歌山	鳥取	島根	岡山	広島	山口	徳島	香川	愛媛	高知	福岡	佐賀	長崎	熊本	大分	宮崎	鹿児島	沖縄	合計
1	1	1	8	3	0	4	1	1	1	1	0	0	1	1	3	7	8	2	3	2	7	7	1	130
0	0	0	1	0	0	0	0	0	0	0	0	0	0	0	0	1	1	0	0	0	1	1	0	15
0	0	0	1	0	0	0	0	0	0	0	0	0	0	0	0	1	1	0	0	0	1	1	0	15
1	1	0	3	1	0	2	0	0	1	0	0	0	0	0	1	3	3	1	1	1	3	3	1	54
0	0	0	1	0	0	0	0	0	0	0	0	0	0	0	0	1	1	0	0	0	1	1	0	10
0	0	0	1	0	0	1	0	0	0	0	0	0	0	0	0	1	1	0	0	0	1	1	0	16
0	0	0	2	1	0	1	0	0	0	0	0	0	0	0	1	2	2	0	1	0	2	2	0	28
1	1	0	4	2	0	2	1	0	1	0	0	0	1	0	1	4	4	1	2	1	4	4	1	69
0	0	0	3	1	0	2	0	0	0	0	0	0	0	0	1	3	3	1	1	1	3	3	0	47
0	0	0	3	1	0	2	0	0	0	0	0	0	0	0	1	3	3	1	1	1	3	3	0	47
3	3	2	17	7	1	9	2	2	2	1	1	1	2	2	6	14	16	5	6	3	15	15	3	265
3	3	2	17	7	1	9	2	2	3	1	1	1	2	2	6	15	17	5	6	3	15	15	3	273
14	14	9	84	34	4	44	11	10	12	7	4	3	10	9	28	72	80	24	31	17	73	75	13	1321
5	5	3	33	14	2	17	4	4	5	3	2	1	4	4	11	28	31	9	12	7	29	29	5	519
0	0	0	2	1	0	1	0	0	0	0	0	0	0	0	1	2	2	1	1	0	2	2	0	34
0	0	0	1	1	0	1	0	0	0	0	0	0	0	0	0	1	1	0	0	0	1	1	0	19
0	0	0	2	1	0	1	0	0	0	0	0	0	0	0	1	2	2	1	1	0	2	2	0	29
0	0	0	1	0	0	0	0	0	0	0	0	0	0	0	0	1	1	0	0	0	1	1	0	15
0	0	0	1	1	0	1	0	0	0	0	0	0	0	0	0	1	1	0	0	0	1	1	0	20
0	0	0	3	1	0	1	0	0	0	0	0	0	0	0	1	2	3	1	1	1	2	2	0	43
1	1	0	4	2	0	2	0	0	1	0	0	0	0	0	1	3	4	1	1	1	3	3	1	61
1	1	1	6	3	0	3	1	1	1	1	0	0	1	1	2	5	6	2	2	1	5	6	1	97
4	4	2	24	10	1	12	3	3	4	2	1	1	3	3	8	20	23	7	9	5	21	21	4	376
1	1	0	3	1	0	2	0	0	1	0	0	0	0	0	1	3	3	1	1	1	3	3	1	53
1	1	0	3	1	0	2	0	0	0	0	0	0	0	0	1	3	3	1	1	1	3	3	0	50
1	1	1	7	3	0	4	1	1	1	1	0	0	1	1	2	6	7	2	3	1	6	6	1	113
4	4	3	27	11	1	14	3	3	4	2	1	1	3	3	9	23	26	8	10	5	23	24	4	424
3	3	2	16	7	1	8	2	2	2	1	1	1	2	2	5	14	15	5	6	3	14	14	2	255
1	1	0	4	1	0	2	0	0	1	0	0	0	0	0	1	3	3	1	1	1	3	3	1	56
0	0	0	2	1	0	1	0	0	0	0	0	0	0	0	1	1	1	0	1	0	1	1	0	25
0	0	0	1	0	0	0	0	0	0	0	0	0	0	0	0	0	1	0	0	0	0	0	0	9
0	0	0	1	0	0	0	0	0	0	0	0	0	0	0	0	1	1	0	0	0	1	1	0	10
1	1	0	3	1	0	2	0	0	0	0	0	0	0	0	1	3	3	1	1	1	3	3	0	50
1	1	1	5	2	0	3	1	1	1	0	0	0	1	1	2	5	5	2	2	1	5	5	1	84
0	0	0	2	1	0	1	0	0	0	0	0	0	0	0	1	1	2	0	1	0	1	2	0	27
0	0	0	1	0	0	1	0	0	0	0	0	0	0	0	0	1	1	0	0	0	1	1	0	16
0	0	0	2	1	0	1	0	0	0	0	0	0	0	0	0	1	1	0	1	0	1	1	0	24
0	0	0	2	1	0	1	0	0	0	0	0	0	0	0	1	1	2	0	1	0	1	2	0	27
0	0	0	1	0	0	0	0	0	0	0	0	0	0	0	0	1	1	0	0	0	1	1	0	11
2	2	1	11	4	1	6	1	1	2	1	1	0	1	1	3	9	10	3	4	2	9	9	2	166
0	0	0	1	0	0	1	0	0	0	0	0	0	0	0	0	1	1	0	0	0	1	1	0	15
0	0	0	1	1	0	1	0	0	0	0	0	0	0	0	0	1	1	0	1	0	1	1	0	22
0	0	0	2	1	0	1	0	0	0	0	0	0	0	0	1	2	2	1	1	0	2	2	0	29
0	0	0	1	1	0	1	0	0	0	0	0	0	0	0	0	1	1	0	0	0	1	1	0	20
0	0	0	1	0	0	1	0	0	0	0	0	0	0	0	0	1	1	0	0	0	1	1	0	17
0	0	0	2	1	0	1	0	0	0	0	0	0	0	0	1	1	2	0	1	0	1	1	0	26
0	0	0	1	1	0	1	0	0	0	0	0	0	0	0	0	1	1	0	1	0	1	1	0	22
53	52	33	320	131	16	168	40	36	47	27	16	12	38	36	106	275	306	90	120	65	280	287	49	5051

億円（四捨五入）以上。

図表20　都道府県間の寄附と受入の状況

	北海道	青森	岩手	宮城	秋田	山形	福島	茨城	栃木	群馬	埼玉	千葉	東京	神奈川	新潟	富山	石川	福井	山梨	長野	岐阜	静岡	愛知
北海道	17	1	2	2	1	6	1	3	1	1	1	2	1	2	3	0	1	1	3	4	3	6	3
青森	2	0	0	0	0	1	0	0	0	0	0	0	0	0	0	0	0	0	0	0	0	1	0
岩手	2	0	0	0	0	1	0	0	0	0	0	0	0	0	0	0	0	0	0	0	0	1	0
宮城	7	0	1	1	0	2	0	1	0	0	0	1	0	1	1	0	0	0	1	1	1	2	1
秋田	1	0	0	0	0	0	0	0	0	0	0	0	0	0	0	0	0	0	0	0	0	0	0
山形	2	0	0	0	0	1	0	0	0	0	0	0	0	0	0	0	0	0	0	0	0	1	0
福島	4	0	0	0	0	1	0	1	0	0	0	0	0	0	1	0	0	0	1	1	1	1	1
茨城	9	0	1	1	1	3	0	2	0	1	0	1	0	1	2	0	0	1	1	2	2	3	1
栃木	6	0	1	1	0	2	0	1	0	0	0	1	0	1	1	0	0	0	1	1	1	2	1
群馬	6	0	1	1	0	2	0	1	0	0	0	1	0	1	1	0	0	0	1	1	1	2	1
埼玉	34	2	4	4	2	12	2	7	1	2	2	4	1	5	7	1	1	2	5	7	6	12	5
千葉	35	2	4	4	2	12	2	7	1	2	2	4	1	5	7	1	1	2	6	8	7	12	5
東京	171	9	18	19	11	60	8	33	6	10	8	19	7	23	36	3	7	10	27	36	32	59	26
神奈川	67	3	7	8	4	24	3	13	2	4	3	8	3	9	14	1	3	4	11	14	13	23	10
新潟	4	0	0	0	0	2	0	1	0	0	0	1	0	1	1	0	0	0	1	1	1	2	1
富山	2	0	0	0	0	1	0	0	0	0	0	0	0	0	1	0	0	0	0	1	0	1	0
石川	4	0	0	0	0	1	0	1	0	0	0	0	0	0	1	0	0	0	1	1	1	1	1
福井	2	0	0	0	0	1	0	0	0	0	0	0	0	0	0	0	0	0	0	0	0	1	0
山梨	3	0	0	0	0	1	0	0	0	0	0	0	0	0	1	0	0	0	0	1	0	1	0
長野	6	0	1	1	0	2	0	1	0	0	0	1	0	1	1	0	0	0	1	1	1	2	1
岐阜	8	0	1	1	1	3	0	2	0	0	0	1	0	1	2	0	0	0	1	2	1	3	1
静岡	13	1	1	1	1	4	1	2	0	1	1	1	1	2	3	0	0	1	2	3	2	4	2
愛知	49	2	5	6	3	17	2	9	2	3	2	6	2	7	10	1	2	3	8	10	9	17	7
三重	7	0	1	1	0	2	0	1	0	0	0	1	0	1	1	0	0	0	1	1	1	2	1
滋賀	6	0	1	1	0	2	0	1	0	0	0	1	0	1	1	0	0	0	1	1	1	2	1
京都	15	1	2	2	1	5	1	3	0	1	1	2	1	2	3	0	1	1	2	3	3	5	2
大阪	55	3	6	6	4	19	3	10	2	3	3	6	2	7	11	1	2	3	9	12	10	19	8
兵庫	33	2	4	4	2	12	2	6	1	2	2	4	1	4	7	1	1	2	5	7	6	11	5
奈良	7	0	1	1	0	3	0	1	0	0	0	1	0	1	2	0	0	0	1	2	1	3	1
和歌山	3	0	0	0	0	1	0	1	0	0	0	0	0	0	1	0	0	0	1	1	1	1	0
鳥取	1	0	0	0	0	0	0	0	0	0	0	0	0	0	0	0	0	0	0	0	0	0	0
島根	1	0	0	0	0	0	0	0	0	0	0	0	0	0	0	0	0	0	0	0	0	0	0
岡山	6	0	1	1	0	2	0	1	0	0	0	1	0	1	1	0	0	0	1	1	1	2	1
広島	11	1	1	1	1	4	1	2	0	1	1	1	0	1	2	0	0	1	2	2	2	4	2
山口	3	0	0	0	0	1	0	1	0	0	0	0	0	0	1	0	0	0	1	1	1	1	1
徳島	2	0	0	0	0	1	0	0	0	0	0	0	0	0	0	0	0	0	0	0	0	1	0
香川	3	0	0	0	0	1	0	1	0	0	0	0	0	0	1	0	0	0	0	1	1	1	0
愛媛	3	0	0	0	0	1	0	1	0	0	0	0	0	0	1	0	0	0	1	1	1	1	1
高知	1	0	0	0	0	0	0	0	0	0	0	0	0	0	0	0	0	0	0	0	0	0	0
福岡	21	1	2	2	1	8	1	4	1	1	1	2	1	3	4	0	1	1	3	5	4	7	3
佐賀	2	0	0	0	0	1	0	0	0	0	0	0	0	0	0	0	0	0	0	0	0	1	0
長崎	3	0	0	0	0	1	0	1	0	0	0	0	0	0	1	0	0	0	0	1	1	1	0
熊本	4	0	0	0	0	1	0	1	0	0	0	0	0	1	1	0	0	0	1	1	1	1	1
大分	3	0	0	0	0	1	0	0	0	0	0	0	0	0	1	0	0	0	0	1	0	1	0
宮崎	2	0	0	0	0	1	0	0	0	0	0	0	0	0	0	0	0	0	0	0	0	1	0
鹿児島	3	0	0	0	0	1	0	1	0	0	0	0	0	0	1	0	0	0	1	1	1	1	1
沖縄	3	0	0	0	0	1	0	1	0	0	0	0	0	0	1	0	0	0	0	1	1	1	0
合計	653	33	70	74	44	231	31	125	21	39	31	74	27	88	136	10	25	38	105	139	123	227	101

(注) 総務省「ふるさと納税に関する現況調査」から作成（3ヵ年平均)。強調は10

3433億円（同68・0％）を占めています。

一方、列の合計は受入額を示しています。受入額が多いのは、北海道653億円（全体の12・9％）をはじめ、大阪府320億円（同6・3％）、佐賀県306億円（同6・1％）、鹿児島県287億円（同5・7％）、宮崎県280億円（同5・5％）、福岡県275億円（同5・4％）、山形県231億円（同4・6％）、静岡県227億円（同4・5％）などです。大阪府を除けば主に地方圏の道県から構成されています。

寄附額と受入額の両方で上位10位にランクされているのは、大阪府（寄附額3位、受入額2位）、北海道（寄附額9位、受入額1位）、福岡県（寄附額8位、受入額6位）の3道府県です。これらの道府県では、寄附額と受入額の両方が多いことから予想されるように、同一都道府県内での移動が多いという特徴がみられます。同一都道府県内移動額は、大阪府27億円（寄附額の6・3％）、北海道17億円（同12・9％）、福岡県9億円（同5・4％）などで多くなっています。

同一都道府県内移動には当然、同一市区町村内での寄附を含みます。着地統計では、受入額のうち同一市区町村内からの寄附が集計されています。これを全市区町村の合計値でみると、受入額合計5495億円のうち同一市区町村からの受入額は107億円、2・0％です。全市区町村の算術平均では金額ベースで5・8％です。これに比べると、大阪府・北海道・福岡県における同一都道府県内比率は高く、それだけ同一道府県内の他市町村への寄附が多いと推察されます。

都道府県間の移動額が最も大きい組み合わせは東京都―北海道の171億円です。これに次いで、東京都―大阪府、東京都―佐賀県ではそれぞれ80億円を超え、東京都―福岡県、東京都―宮崎県、東京都―鹿児島県ではそれぞれ70億円を超えています。いずれも東京都を発地とする点で共通しています。

47都道府県のうち12団体において10億円以上の寄附先がみられます。なかでも東京都は32道府県とのあいだで10億円を超えるやりとりをしています。このほかに10億円を超える寄附先が多いのは神奈川県18団体、大阪府15団体（うち1団体は同一道府県内）、愛知県11団体などです。いずれも大都市圏の都府県です（四捨五入して10億円になる場合を含みません）。

47都道府県のうち32団体において10億円以上の受入先がみられます。寄附額の場合は大都市圏の都府県に集中しているのと対照的に、受入先についてはもっと広範です。そのなかでも北海道は相手先が12団体（うち1団体は同一道府県内）であり、各地から幅広く受け入れていることが分かります。このほか10億円を超える相手先が多いのは、大阪府8団体（うち1団体は同一道府県内）、佐賀県8団体、山形県・静岡県・福岡県・宮崎県・鹿児島県7団体などです。大阪府を除けばいずれも地方圏の道県です。

ふるさと納税は地域間の財源の偏りを促進

みてきたように、ふるさと納税寄附金は、人口規模がより大きく所得と財政が比較的安定した地域から、人口規模がより小さく財政のゆとりが少ない地域に流れています。もしそうであれば、ふるさと納税制度を通じて市区町村間の財政状況が平準化される可能性が考えられます。

ところが、実際にはそうともいえないようです。

L市に住んでいるA氏が他地域にふるさと納税をしたとします。A氏の個人住民税は控除されます。L市の個人住民税はその分だけ減少します。それでもL市は、A氏を含む市民に対して行政サービスの水準と質を維持しなくてはなりません。そのため個人住民税の減収分の75%について地方交付税で補填されます。一方、L市には他地域からふるさと納税による寄附があるかもしれません。これらを考慮するとL市の歳入は次のような構成になります。

現状の歳入＝当初の地方税収入－個人住民税控除額＋ふるさと納税受入額＋地方交付税＋減収補塡額＋その他

なお、個人住民税控除と減収補塡の問題の詳しいことは、第4章で取り上げます。寄附の発生年次と控除の適用年次と減収補塡の実施年次は、実際には3ヵ年にまたがっていますが、ここでは厳密に区分していません。

これに対し、現状の歳入からふるさと納税受入額と減収補塡額を引いて、個人住民税控除額を足したものを「当初歳入」とします。財政的にゆとりがあり、普通交付税が交付されない市区町村については補塡額はゼロです。

当初歳入＝現状の地方税収入＋個人住民税控除額－ふるさと納税受入額＋地方交付税－減収補塡額＋その他

2020年度における1741市区町村について、人口1人当たり歳入に関するジニ係数を計算してみました。すると、「ふるさと納税あり」の現状の歳入については0・312であるのに対し、「ふるさと納税なし」の当初歳入については0・308になります。それほど大きな違いではないのですが、ふるさと納税がないときのほうが市区町村間の偏りが小さいのです【コラム7】。

全1741市区町村における歳入の総計は77兆3072億円です。これに比べると、ふるさと納税受入額の総計6489億円、個人住民税控除額の総計2825億円、補塡額の総計1511億円というのは無視しうるほどの規模です。であるにもかかわらず、ふるさと納税が導入されていることにより、市区町村間の財源の格差が拡大していることには注意しておく必要があると思います。

【コラム7】 市区町村間の財政格差

市区町村間の財政格差については、タイル尺度（またはタイル指数）で計測することもできます。あるデータが全市区町村で均等であればタイル尺度はゼロになります。

2018～2020年度の3ヵ年平均について、人口1人当たり歳入のタイル尺度を計算すると、現状については0・092。ふるさと納税がない当初歳入については0・

０９１です。わずかな差ですが、やはりふるさと納税がないときのほうが市区町村間の偏りが小さくなっています。

タイル尺度の優れた特徴は、構成要素ごとに分解して、それぞれの寄与の状況を確認できることです。現状の歳入を地方税、地方交付税、国庫支出金、ふるさと納税受入額、その他に分解してタイル尺度を計算してみました。

すると、寄与率が大きく、市区町村格差の押し上げに働いているのは、その他の52・5％と地方交付税の50・４％です。地方税についてはマイナス12・３％です。地方税はもともと人口に比例していますので、タイル尺度の押し下げに作用しています。

ふるさと納税受入額の寄与率は４・４％です。国庫支出金の寄与率の５・０％とあまり変わりません。規模は小さいものの、市区町村格差の押し上げに働いています。そのなかで２０１８年度に限れば、ふるさと納税受入額の寄与率は10・４％です。つまり、市区町村間格差の10％強をふるさと納税受入額が説明しています。

第4章

ふるさと納税は
地方交付税をどれほど毀損しているか？

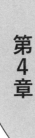

1　ふるさと納税はあちこちに迷惑

だれかの寄附はだれかの地方交付税で補塡

本書の第３の疑問は、ふるさと納税は地方交付税をどれほど毀損しているか――ということです。これは、ふるさと納税制度にかかわる最も重要な問題の一つであるにもかかわらず、直接的にはみえにくいことがむしろ一番の問題といえるかもしれません。

ふるさと納税にかかわる地方交付税への影響の問題について、寄附者が居住している地方団体の側からみてみましょう。地方税の減収の発生年次と地方交付税補塡の年次とは実際には一致しません。

Ｋ県Ｌ市に住んでいるＡ氏がふるさと納税をすれば、所得税（国税）が控除されるうえ、Ｋ県とＬ市の個人住民税が控除されます。Ａ氏がワンストップ特例制度を利用すれば、所得税からの控除がなくなる代わりに、適用下限額を除く全額が個人住民税から控除されます。

控除というのは寄附者の租税負担を差し引いて軽減することですが、国・都道府県・市区町村にとっては、見込んでいた税収が減ることを意味します。ふるさと納税の寄附者が多い地方団体においては、個人住民税が減少しても寄附者を含む住民に対して行政サービスの水準と質を維持していかなくてはなりません。

これではやっていけませんので、ふるさと納税に伴う個人住民税の減収を補塡する仕組みがあります。地方交付税制度がそれです。基準財政需要額（D）に対して基準財政収入額（R）が不足すれば、その差額を普通交付税で補塡します。ふるさと納税に伴って地方税収入が減ることは、基準財政収入額が減ることを意味します。そこで、RよりDが大きい地方団体については減収分の75％が普通交付税によって補塡されます。

たとえばX市のRは１６０億円、Dは２００億円とします。その差額の40億円が普通交付税として交付され、歳入に追加されます。その合計は２００億円になり、X市は必要な行政サービスを提供することができます。

いまX市の市民が40億円のふるさと納税をしたとします（ここでは寄附額と控除額を同額とみなします）。当然、X市の収入は40億円減少します。その75％、つまり30億円が次年度の地方交付税によって補塡されます。市民のふるさと納税に伴ってX市の収入は１６０億円から１２０億円に減少するはずのところ、30億円が補塡されることで、１５０億円の収入を確保できます。

地方団体間の不整合

X市にとって、当初予定の160億円から150億円に減少するものの、なんとか収入は確保されます。このことは喜ばしいことです。ところが、問題はX市のことだけにとどまらないことがむしろ問題であることに注意しなくてはなりません。ふるさと納税は、国・地方財政に対して「負の外部効果」（直接的には関係のない他者にネガティブな影響を与えること）をもたらしているのです。

第1に、地方交付税の原資は、所得税・法人税・消費税といった基幹的な国税の一定割合とすることが法律で定められています。これらの基幹税のおおむね3分の1が地方交付税の財源として充当されます。地方交付税制度は、地方団体間の財政調整と財源保障を目的としています。だれかのふるさと納税によって減少した地方税収入を補填するための財源はありませんので、本来の地方交付税の原資を充てるしかありません。だれかがふるさと納税をすれば結局、本来の地方交付税の原資は目減りします。

第2に、DよりRが大きい場合です。この場合、財政的にゆとりがあるとみなされて普通交付税は交付されません。たとえばY市のRは210億円、Dは200億円とします。DよりRが大きいので、普通交付税は交付されません。Y市の市民が40億円のふるさと納税をしたとします。Y市が交付団体であれば、X市と同じく30億円の補塡があるはずです。ところが不交付団体ですので、基準財政収入額が２１０億円から１７０億円に減っても、そのまま行政サービスを供給しなくてはなりません。

第3は、ふるさと納税の受入額が多い地方団体にとっては、表現の適否はともかく、いわば「もらい得」となることです。たとえばZ市のRは１６０億円、Dは２００億円とします。その差額の40億円が普通交付税として交付されます。ここまではX市と同じです。X市と違って、Z市は40億円のふるさと納税を受け入れたとします。現行制度のもとで、これはRに算入されません。普通交付税の40億円に加えて、40億円のふるさと納税寄附金が追加される結果、Z市の収入は２４０億円にふくらみます。

Z市のような交付団体においては、地方交付税に依存しているにもかかわらず、ふるさと納税の獲得競争に乗り出すことで、貴重な地方交付税の原資をみんなで食い荒らしていることになります。Y市のような不交付団体にとっては、住民の寄附に伴う個人住民税からの控除が増えても、その補塡はありません。不交付団体の多くは、地方交付税を何らかの形で負担していると考えられますので、いわば「泣きっ面に蜂」といったところかもしれません。

都道府県への寄附は少なくても影響は小さくない

都道府県に対するふるさと納税寄附金、つまり都道府県の受入額は、市区町村の受入額に比べると非常に小規模です。地方団体の受入額総額５５７６億円のうち80億円、わずか１・４％にすぎません（３ヵ年平均）。

ところが、Ｋ県Ｌ市に住んでいるＡ氏がふるさと納税をすると、Ａ氏には個人住民税からの控除が適用されます。個人住民税は「地域社会の会費」といわれます。Ｌ市の市民であり、Ｋ県の県民でもあるＡ氏にとっては、個人市民税からの控除だけでなく個人県民税からの控除が適用されます。

その結果、都道府県においては、ふるさと納税に伴う控除額の規模は決して小さくありません。３ヵ年平均でみると、個人住民税からの控除の総額３６５５億円のうち、市区町村分が２３９６億円（65・５％）を占めますが、都道府県分も３分の１あまりの１２５９億円（34・４％）にのぼります。

これは総額をみたものです。ふるさと納税に熱心な住民のいる市区町村では当然、個人道府県民税収入への影響が大きくなります。

2 地方交付税への影響

名古屋市の地方税収入分の個人住民税が減少

それでは、ふるさと納税に伴う地方交付税とその原資への影響はどれくらいになるのでしょうか？

まず、個人住民税からの控除額をみてみましょう。

ふるさと納税の発地統計では、個人住民税からの控除額と適用者数が集計されています。図表21に示すように、都道府県・市区町村を合計した控除額は2017年度に2000億円を超え、2018年度に3000億円台になり、2020年度には4433億円、そして2021年度には5672億円（寄附総額の73・8％）に達しています。これは名古屋市の地方税収入（2021年度に5835億円）の約97％に相当する規模です。名古屋市ほぼ1都市分の税収が消えていると思えば、安穏にかまえているわけにはいかないのではないでしょうか。

図表21　ふるさと納税に伴う控除額の推移

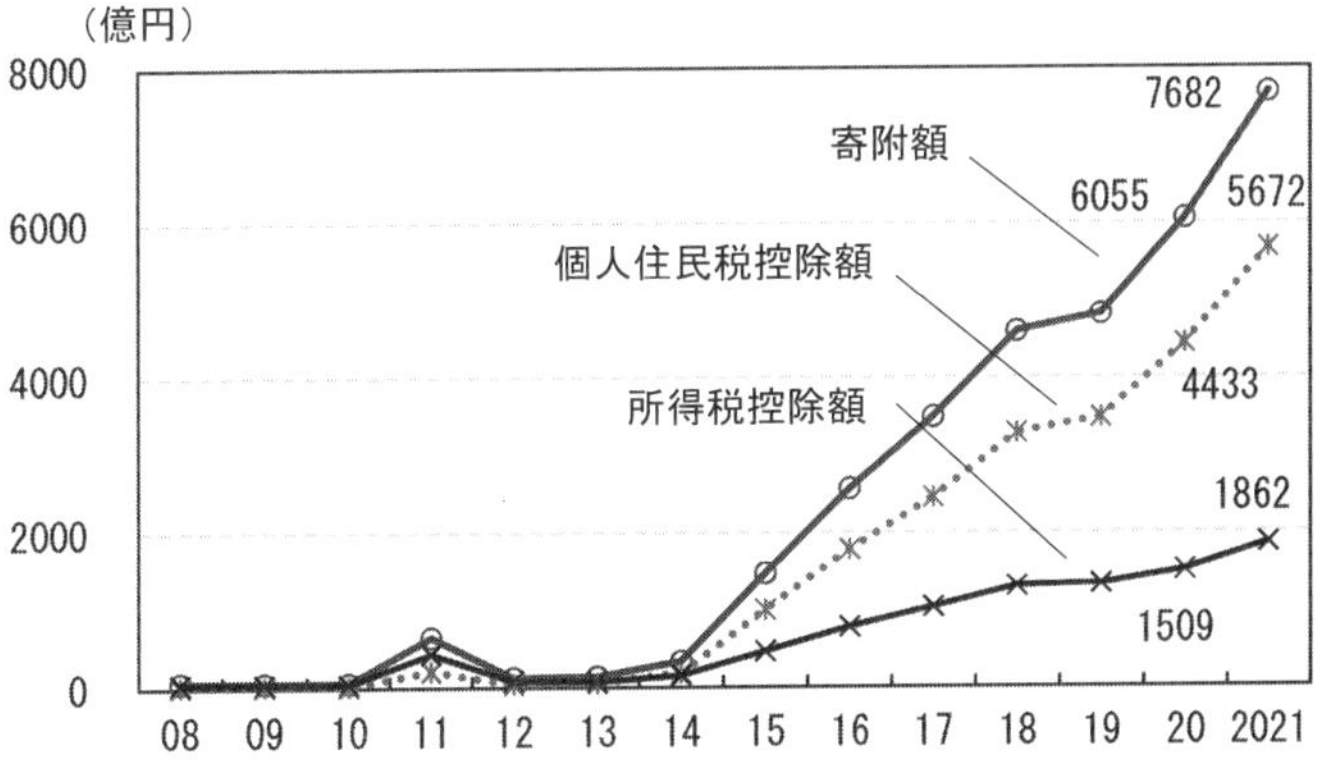

（注）総務省「ふるさと納税に係る寄附金税額控除の適用状況」から作成。
2021年度の寄附額は市町村分。所得税からの控除額は推定。

２０２１年度の場合、個人住民税控除額の内訳は、都道府県分１９５５億円（34・５％）、市区町村分３７１７億円（65・５％）です。

個人住民税所得割（前年度の所得に対する課税であり、税率は合計で10％です）については、地方税法により都道府県と市区町村の配分が定められています。都道府県対市区町村の税率は、一般市町村と東京特別区においては４％対６％、政令指定都市においては２％対８％です。寄附に伴う控除額の配分はこれに従います。

ふるさと納税による控除額の構成が34・５％対65・５％であることから、政令指定都市の居住者による寄附が相対的に多いことが分かります。

中央区・千代田区では個人住民税の7%近くが消失

総務省「ふるさと納税に関する現況調査」の一環として「令和4年度課税における市町村民税控除額の多い20団体」が発表されています。これは2021年度における寄附を対象としたものです。

これによると、横浜市230億円、名古屋市143億円、大阪市124億円、川崎市103億円、世田谷区84億円、さいたま市74億円、神戸市70億円などが上位に並んでいます。世田谷区を除けばいずれも政令指定都市です。これらは、寄附受入差額でみた寄附超過型団体の順位にかなり対応しています（図表18を参照）。

このように実数でみることも大切なのですが、実数だと人口規模に左右されます。そこで、2018～2020年度の3ヵ年平均について人口1人当たり個人住民税控除額を計算してみました。図表22の左列がそれです。

図表22の左列によると、千代田区1万6930円、港区1万4700円、渋谷区1万1670円、中央区1万1660円など、今度は東京特別区が上位を占めています。いうまでもなくこれは図表3でみた人口1人当たり寄附額に対応しています。

川崎市、横浜市、名古屋市については、人口1人当たり寄附額では20位に入っていませ

図表22　個人住民税控除額の状況（上位20団体）

人口1人当たり個人住民税控除額（円）		
東京都千代田区	16,930	
東京都港区	14,700	
東京都渋谷区	11,670	
東京都中央区	11,660	
東京都目黒区	8,370	
東京都文京区	8,030	
山梨県忍野村	7,590	
兵庫県芦屋市	6,690	交付
東京都品川区	6,490	
東京都新宿区	6,360	
東京都世田谷区	5,940	
東京都武蔵野市	5,640	
東京都江東区	5,300	
千葉県浦安市	4,970	
東京都豊島区	4,760	
東京都杉並区	4,620	
神奈川県川崎市	4,440	
東京都台東区	4,280	
神奈川県横浜市	4,070	交付
愛知県名古屋市	3,960	交付

個人住民税に対する控除額割合（%）		
山梨県忍野村	7.1	
東京都中央区	6.9	
東京都千代田区	6.5	
東京都江東区	5.5	
東京都品川区	5.5	
東京都文京区	5.4	
東京都目黒区	5.3	
東京都渋谷区	5.2	
奈良県広陵町	5.1	交付
東京都新宿区	5.0	
兵庫県芦屋市	5.0	交付
東京都港区	5.0	
千葉県浦安市	4.9	
大阪府吹田市	4.8	交付
愛知県長久手市	4.8	
兵庫県箕面市	4.7	交付
東京都武蔵野市	4.6	
奈良県生駒市	4.6	交付
京都府精華町	4.6	交付
兵庫県宝塚市	4.5	交付

（注）総務省「ふるさと納税に関する現況調査」から作成。「交付」は普通交付税の交付団体（3ヵ年のうち少なくとも1回）。

んが、人口1人当たり控除額ではランクインしています。反対に沖縄県北大東村、長久手市、中野区については、人口1人当たり寄附額のトップ20に出てきますが、人口1人当たり控除額の上位20団体には出てきません。

人口1人当たりでみた寄附額と控除額の順位が必ずしも一致しないのは、政令指定都市においては個人住民税控除の配分が大きいことが関係しています。そのほか市区町村によって寄附者の所得構成が同じではないことに加え、ワンストップ特例制度の利用状況が違うことが考えられます。

図表22の右列は、個人住民税に対する控除額の割合の上位20団体をみたものです（控除額÷決算ベースの個人住民税収入で計算）。山梨県忍野村では7・1％、つまり個人村民税の14分の1に相当する額が村民のふるさと納税によって、いわば失われています。これに次いで中央区と千代田区が6％台、江東区や品川区など9市区では5％台です。人口1人当たり控除額の上位20団体には登場しない市区町村として、奈良県広陵町、吹田市、箕面市、生駒市、精華町、宝塚市が加わっています。いずれも大阪都市圏の自治体です。

個人住民税の6％前後といえば、どれくらいの規模でしょうか？　2021年度の生駒市の例です。

生駒市民によるふるさと納税寄附金は11億8679万円、約12億円です。控除額は5億3134万円です。個人住民税収入は84・1億円でしたので、控除額は6・3％に当たります（図表22は2018～2020年度の平均です）。同市の歳入のうち使用料（授業料や公共施設利用料など）と手数料（住民票や各種証明書の発行など）の収入は合計しても7・3億円ですので、市民による寄附額はこれを4億円以上上回っています。また、目的別歳出のうち議会費は3・4億円ですので、控除額はこれを2億円近く上回ります。市民の寄附に伴う影響額はけっして小さくはないことが実感させられます。

図表22のなかで「交付」というのは、普通交付税の交付団体のことです。特別地方公共団体である東京特別区には地方交付税制度が直接的には適用されませんので、個人住民税からの控除額が多くても普通交付税による補塡はありません。他方、横浜市、名古屋市、芦屋市、生駒市などは交付団体ですので、個人住民税からの控除の75％について地方交付税による補塡を受けています（芦屋市は２０１８年度に交付団体でした）。川崎市は不交付団体でしたが、２０２１年度に交付団体になりました。

都道府県税収入にも影響

いまみてきたのは個人市町村民税からの控除額です。３ヵ年平均でみると、個人道府県民税からの控除額は前述のように合計で１２５９億円です。個人市町村民税からの控除額の合計２３９６億円と合計すると、個人住民税全体で３６５５億円になります。都道府県と市町村の割合は34％対66％、ほぼ１対２です。やはり政令指定都市における寄附が相対的に多いことが分かります。

都道府県の場合は、市町村と違って人口が多いので、人口１人当たり控除額の規模は市町村ほど大きくありません。第１位の東京都でも２７１０円です。これは千代田区の

1万6930円の6分の1です。第2位から第8位まで1000円台ですが、第9位以下は1000円未満です。47都道府県の算術平均は683円です。1741市区町村の算術平均の810円に比べて2割ほど小さくなっています。

一方、個人道府県民税に対する控除額の割合については、東京都は3・7%で第2位に後退し、代わりに奈良県が3・8%で第1位に上昇します。人口1人当たり控除額では1130円で第5位の兵庫県は、個人道府県民税に対する控除額の割合については3・3%で第3位にランクされています。奈良県と兵庫県では、ふるさと納税による県税収入への影響が相対的に大きいといえます。

所得税からの控除額は1862億円

次に、所得税からの控除の規模についてみてみましょう。

発地統計では所得税からの控除額は公表されていません。国税は財務省・国税庁の所管であり、総務省の所管ではないからでしょうか。本書では林（2019）の方法にならって、所得税からの控除額を次のように推定しました。

所得税からの控除額＝ふるさと納税寄附額－（適用下限額２０００円×税額控除適用者数）－個人住民税控除額

その結果は前出の図表20のとおりです。所得税からの控除額は２０１７年度に１０００億円を超え、２０１８～２０１９年度に１３００億円台になり、２０２０年度には１５６２億円になりました。２０２１年度については、寄附額は７６８２億円（市区町村分）、個人住民税控除額は５６７２億円、適用下限額の合計は１４８億円（７４１万人×２０００円）ですので、所得税からの控除額は１８６２億円と見込まれます。これは北九州市の地方税収入（１７４９億円）を上回り、愛媛県の地方税収入（１８７６億円）とほぼ同じ規模です。

個人住民税からの控除額は寄附額の伸びに平行していますが、所得税からの控除額の伸びは緩やかです。しかも個人住民税からの控除額との差が開いています。

寄附額に対する所得税からの控除額の割合をみると、制度が誕生した２００８年度から２０１２年度まで60％を超えていました。当初は確定申告をした寄附者が多かったことが推察されます。ところが、２０１３年度に57・１％、２０１４年度に45・７％、２０１５年度には31・７％に低下しました。さらに２０１７年度以降は20％台になっています。このような変化には、2015年度に導入されたワンストップ特例制度が関係していることは間違いありません。これは、ふるさと納税による影響が国税から地方税に置き換えられたことを意味します。

だれかのふるさと納税は、地方交付税の原資である所得税を痛めつけます。所得税の33・1%は地方交付税の原資とすることが法律で定められていますので、所得税からの控除額が2020年度に1562億円、2021年度に1862億円ということは、それぞれ517億円から616億円の地方交付税原資が失われているということです。2021年度の地方交付税交付額でいえば、これは広島市（623億円）1都市分に当たります。

ワンストップ特例制度を利用すれば、所得税への影響はなくなります。その一方、個人住民税の減収に対しては地方交付税による補塡が必要になりますので（不交付団体を除く）、むしろ地方団体間で直接的に地方交付税を痛めつけていることになります。

地方交付税補塡額は2319億円

では、ふるさと納税による地方交付税への影響はどれくらいでしょうか？

これは、総務省「ふるさと納税に関する現況調査」でも同「都道府県別・市町村別決算状況調」でも集計されていません。本書では次の方法により「地方交付税相当額」を推定します。普通交付税の不交付団体については、補塡額はゼロです。

地方交付税補塡額＝個人住民税控除額×75％

市町村と道府県（東京都のみ不交付団体）についての推定結果は、図表23のようになります。

市町村の場合、補塡額は2017年度まで1000億円未満でした。それが2018年度に4桁の1143億円、2019年度に1187億円、2020年度に1511億円、そして2021年度には2095億円に達しています。これは地方交付税交付額が市区町村のなかで最大の札幌市（1316億円）の1・6倍に相当します。

市町村のなかで補塡額が最も多いのは横浜市の115億円です（2018〜2020年度平均）。これに名古屋市68億円、大阪市59億円が続いています。このほか神戸市、さいたま市、福岡市、京都市、札幌市で30億円台です。

一方、道府県はというと、2021年度の補塡額は1038億円です。市町村に対する補塡額の半分くらいの規模です。これは、46道府県のなかで交付額が最小の香川県の地方

図表23　ふるさと納税に伴う地方交付税補塡額（推定）

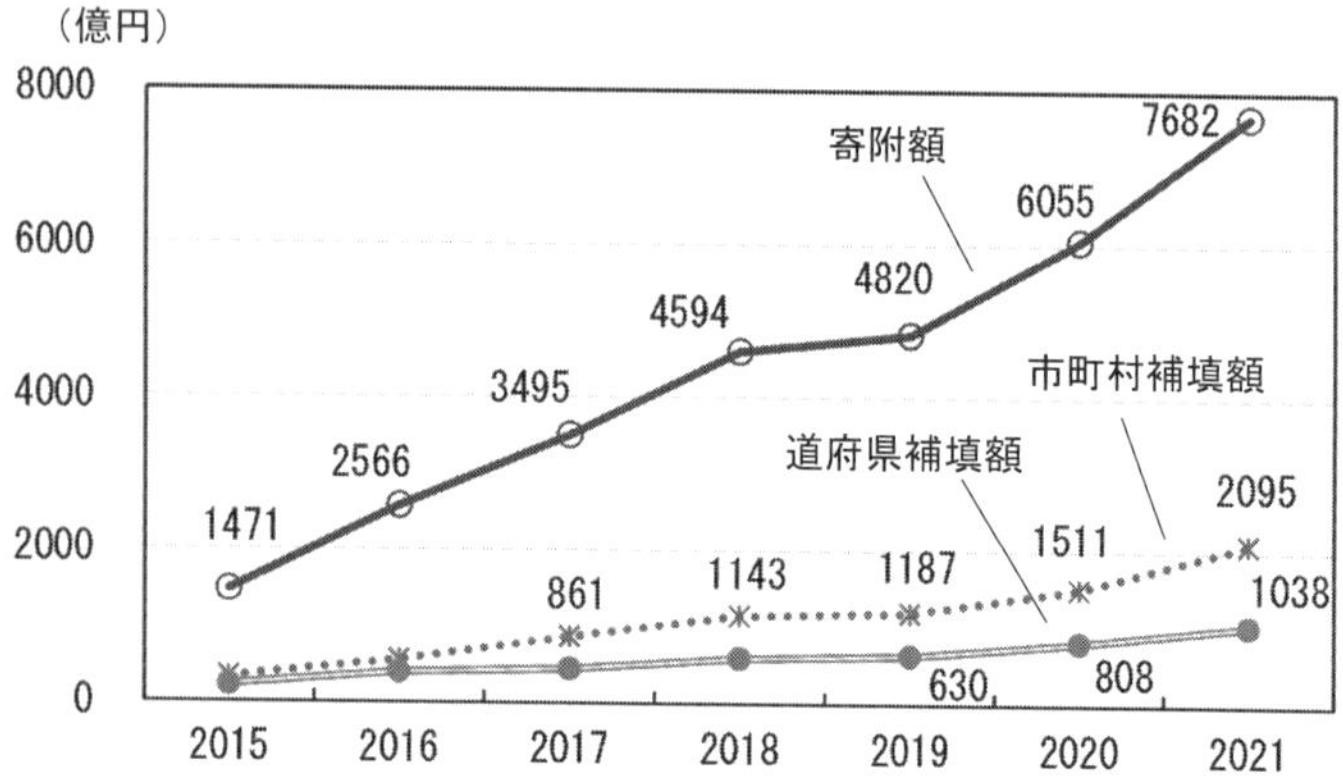

（注）総務省「ふるさと納税に係る寄附金税額控除の適用状況」（2021年度は同「ふるさと納税に関する現況調査」）から作成から作成。

交付税交付額（1336億円）の8割弱といったところです。

市町村と道府県に対する補塡額は、2021年度の場合、合計で3133億円です。都道府県・市区町村への寄附額に対する補塡額の割合は、40・8％です。つまり、だれかがふるさと納税をすれば、その4割に相当する地方交付税が新規に必要になることを銘記しなくてはなりません。

なお、ふるさと納税に伴う地方交付税補塡額については、特別区長会がふるさと納税制度に関する要望や共同声明のなかで推定額を発表しています（本章第4節を参照）。これによると2020年8月6日の共同声明では「令和2年度は約1788億円」、2021年10月の要望書では「令和3年度は約２３７９億円」とされています。これらはそれぞれ本書でいう２０１９年度と２０２０年度に対応します。

地方交付税への負荷

以上を整理すると、ふるさと納税寄附金に伴う地方交付税への影響はこうなります。２０２１年度の数値です。所得税控除による地方交付税原資への影響額は、所得税控除額１８６２億円に地方交付税の法定割合33・１％を乗じた額です。

- 所得税控除による地方交付税原資の減少額　６１６億円
- 個人市町村民税控除に対する地方交付税補塡額　２０９５億円
- 個人道府県民税控除に対する地方交付税補塡額　１０３８億円

これらを合計すると３７４９億円になります。２０２１年度決算における地方交付税交付額は、都道府県・市町村の合計で19兆５０４９億円です。ふるさと納税による影響額はその１・９％ですので、まだ小さいようにみえます。

けれども前年度から931億円（33・0％）も増加しています。2021年度の3749億円というのは、交付額が最大の札幌市の地方交付税交付額（1316億円）の2・8倍に相当します。あるいは京都市の地方税収入（3640億円）を少し上回る規模です。もはや放置しえないのではないでしょうか。

ワンストップ特例制度を利用すると、傷口がさらに拡大します。

地方交付税の交付団体のL市に住んでいるA氏（総所得700万円、所得税の限界税率20％）が3万円の寄附をしたとします。①所得税からの控除は5600円、②個人住民税からの控除は2万2400円です。

これに伴って、地方交付税の原資は5600円×33・1％＝1853円減少します。一方、個人住民税の減収を補塡するために2万2400円×75％＝1万6800円の地方交付税が必要になります。地方交付税への負荷は合計で1万8653円です。

もしA氏がワンストップ特例制度を利用すれば、所得税への影響はなくなります。その代わり、①と②を合計した2万8000円×75％＝2万1000円の地方交付税が必要になります。

3 市町村間の収支

単純収支と調整後収支

第3章で寄附額と受入額の差額の状況をみてきました。これから容易に想像されるとおり、ふるさと納税について「収支」を計算することができます。ふるさと納税の収支に関する研究はたくさんあります。鈴木・橋本（2017）、冨田（2017）、矢部ほか（2017）、松田（2019）、磯道（2019）、須山（2020）などがそうです。

これらを参考に、本書ではふるさと納税にかかわる収支を次のように定義します。以下の対象は1741市区町村、数値は2018〜2020年度平均です。

単純収支＝ふるさと納税受入額－個人住民税控除額

調整後収支＝単純収支＋地方交付税補塡額

単純収支は、第3章でみた寄附受入差額の寄附額のうち控除額を取り除いたものです。調整後収支は控除による地方税の減収に対して地方交付税補塡額を考慮したものです。普通交付税の不交付団体について補塡措置はありません。

たとえば奈良県生駒市（人口11万9483人）の場合、受入額は8940万円、控除額は3億8650万円の寄附超過型です。単純収支はマイナス2億9710万円、補塡額は2億8987万円ですので、調整後収支はマイナス722万円に改善されます。とはいえ、なお持ち出し過多です。

生駒市と人口が同程度の北海道江別市（人口11万9580人）の場合、受入額は1億9551万円、控除額は8432万円の受入超過型です。単純収支は1億1120万円、補塡額は6324万円ですので、調整後収支は1億7443万円になります。単純収支の大幅な黒字にその60％近い補塡額が追加されるため、調整後収支はさらにふくらみます。

補塡のおかげで収支は改善

市区町村を対象に収支を計算してみました。図表24は、人口1人当たり受入額の7ラン

図表24　ふるさと納税に伴う単純収支と調整後収支

（億円）

		該当数	単純収支	調整後収支	変化幅
団体数（団体）		1,741	1,741	1,741	0
プラス団体		1,372	1,372	1,525	153
マイナス団体		369	369	216	−153
単純収支・調整後収支		−	3,099	4,374	1,275
プラス団体		−	4,886	5,134	249
マイナス団体		−	−1,787	−760	1,027
人口１人当たり受入額	100円未満	60	−572	−315	257
	100〜500円	227	−1,032	−458	574
	500〜1000円	149	−158	12	171
	1000〜5000円	536	384	566	181
	5000〜１万円	254	549	592	43
	１〜５万円	377	1,643	1,683	40
	５万円以上	138	2,286	2,295	9
５万円以上のシェア（%）		7.9	73.8	52.5	−21.3
変動係数		−	6.3	3.9	−2.4

（注）総務省「ふるさと納税に関する現況調査」から作成。市区町村のみ。

ク別に単純収支と調整後収支をみたものです。第３章でみた寄附受入差額とは符号が逆になります。

単純収支がマイナス、つまり受入額より控除額が大きくなるのは１７４１市区町村のうち３６９団体（21・２％）にすぎません。残りはすべてプラス、つまり受入額が控除額を超えています。プラス団体の総額は４８８６億円、マイナス団体の総額はマイナス１７８７億円、単純収支の総額は差し引き３０９９億円です。

プラス団体の平均人口は３万３７８０人であるのに対し、マイナス団体の平均人口はその６倍の21万８９４０人です。いうまでもなくこの差は、前章でみたように、ふるさと納税は、人口規模がより大きな団体からより小さな団体に流れているという傾向に対応しています。

単純収支に補塡額を加えた調整後収支はというと、マイナス団体は216団体（全体の12・4％）に減少します。マイナス団体の収支は、単純収支のマイナス1787億円から、調整後収支はマイナス760億円に大幅に改善されます。一方、プラス団体においても、住民によるふるさと納税によって個人住民税が減収すれば補塡されますので、単純収支の4886億円が調整後収支では5134億円にさらに大きくなります。単純収支と調整後収支の差額1275億円は、だれかのふるさと納税によって新規に必要になった地方交付税補塡額の総額に当たります。これは図表23でみた市町村補塡額の3ヵ年平均におおむね一致します。

第3章でみたとおり、受入額が少ない市区町村は控除額が多い傾向にあります。その結果、受入額が少ないグループほど単純収支と調整後収支の変化幅が大きくなっています。これに対し、受入額が多い市区町村では、補塡によって調整後収支が少しずつ増えています。先ほど事例で取り上げた江別市などがそうです。

その結果、人口1人当たり受入額の7ランク別にみると、100円未満と100〜500円という受入額が少ない市区町村では、単純収支がマイナスです。調整後収支が大幅に改善されてもグループ全体としてはマイナスです。人口1人当たり受入額500〜

１０００円の市区町村については、単純収支はマイナス１５８億円ですが、調整後収支ではプラス12億円に転じています。

単純収支の段階では、人口１人当たり受入額５万円以上の１３８団体が合計で２２８６億円のプラスです。これは単純収支総額３０９９億円の73・８％です。単純収支の４分の３近くは、こういった突出群が占めています。けれども調整後収支でみると、５万円以上の突出群の収支は２２９５億円に少し大きくなる半面、調整後収支総額４３７４億円に対するシェアは52・５％に低下します。受入額の小さな市区町村で調整後収支が相対的に大きく改善されるため、突出群の割合が相対的に小さくなります。

これに伴い、市区町村間のバラツキを示す変動係数（標準偏差÷平均）は６・３から３・９に縮小します（マイナス値が出てくるとジニ係数を計算できませんので、ここでは変動係数を使用します）。これは、地方交付税補塡により、市区町村間の格差が是正されることを意味します。

補塡の有無による明と暗

図表25は、人口１人当たりでみた単純収支と調整後収支の上位20団体と下位20団体をみ

たものです。

上位20市町村は、人口1人当たり受入額（図表3）と同じです。順番の一部に違いがみられる程度です。控除額と補塡額の規模は全般に小さいため、人口1人当たりでみた受入額、単純収支、調整後収支のあいだには大きな差がありません。

人口1人当たり調整後収支は、第1位の和歌山県高野町（人口2983人）では約220万円、第2位の和歌山県北山村（同434人）では約171万円です。いずれも人口は小規模ですが、身の丈をはるかに超えるふるさと納税を獲得することで、人口1人当たり収支は図抜けています。

他方、下位20団体については、受入額は少なく控除額が多いにもかかわらず、普通交付税の不交付団体ですので、補塡はありません。その結果、単純収支と調整後収支はマイナスであり、しかも同じ値です。下位20団体のうち15団体は東京特別区です。なかでも千代田区、港区、渋谷区、中央区の4区では、人口1人当たり単純収支と調整後収支がそれぞれマイナス1万円を超えています。

これを実数でみると、大阪府泉佐野市は単純収支で233億円、調整後収支で235億円です。実数のプラス幅第2位の宮崎県都城市では単純収支が111億円、調整後収支が112億円ですので、泉佐野市はその2倍の規模です。

図表25　人口１人当たり単純収支と調整後収支（上位・下位20団体）

上位20団体

	実　数（百万円）					人口１人当たり（円）	
	受入額	控除額	補填額	単純収支	調整後収支	単純収支	調整後収支
和歌山県高野町	6, 570	1	1	6, 570	6, 570	2, 202, 320	2, 202, 550
和歌山県北山村	742	0	0	742	742	1, 710, 380	1, 710, 500
北海道白糠町	6, 561	2	1	6, 559	6, 561	850, 770	850, 940
宮崎県都農町	7, 701	2	2	7, 699	7, 701	732, 670	732, 840
佐賀県上峰町	4, 811	8	6	4, 803	4, 809	499, 250	499, 870
静岡県小山町	8, 724	14	10	8, 710	8, 720	475, 790	476, 360
高知県奈半利町	1, 394	1	1	1, 393	1, 394	444, 090	444, 250
北海道寿都町	1, 239	1	1	1, 238	1, 239	419, 870	420, 210
長野県小谷村	1, 209	0	0	1, 208	1, 209	407, 510	407, 600
北海道上士幌町	1, 800	7	5	1, 793	1, 798	361, 700	362, 710
北海道紋別市	7, 760	13	10	7, 747	7, 756	358, 940	359, 390
岐阜県七宗町	1, 321	2	2	1, 319	1, 320	354, 380	354, 880
北海道根室市	8, 031	14	11	8, 016	8, 027	314, 890	315, 320
和歌山県湯浅町	3, 717	6	5	3, 711	3, 716	312, 660	313, 070
高知県芸西村	1, 091	1	1	1, 090	1, 091	292, 420	292, 560
北海道北竜町	490	2	2	488	489	271, 170	272, 200
佐賀県みやき町	6, 419	17	13	6, 402	6, 415	249, 300	249, 800
鹿児島県大崎町	3, 172	4	3	3, 167	3, 171	244, 850	245, 110
北海道弟子屈町	1, 700	2	2	1, 697	1, 699	238, 970	239, 220
大阪府泉佐野市	23, 499	182	136	23, 318	23, 454	232, 200	233, 560

下位20団体

	実　数（百万円）					人口１人当たり（円）	
	受入額	控除額	補填額	単純収支	調整後収支	単純収支	調整後収支
東京都千代田区	4	1, 116	-	−1, 112	−1, 112	−16, 870	−16, 870
東京都港区	11	3, 827	-	−3, 816	−3, 816	−14, 660	−14, 660
東京都渋谷区	49	2, 679	-	−2, 631	−2, 631	−11, 460	−11, 460
東京都中央区	71	1, 963	-	−1, 892	−1, 892	−11, 240	−11, 240
東京都目黒区	73	2, 355	-	−2, 282	−2, 282	−8, 110	−8, 110
東京都文京区	114	1, 815	-	−1, 701	−1, 701	−7, 520	−7, 520
東京都品川区	18	2, 608	-	−2, 590	−2, 590	−6, 450	−6, 450
東京都新宿区	7	2, 216	-	−2, 208	−2, 208	−6, 340	−6, 340
兵庫県芦屋市	63	640	-	−578	−578	−6, 030	−6, 030
東京都世田谷区	180	5, 449	-	−5, 269	−5, 269	−5, 740	−5, 740
東京都武蔵野市	47	829	-	−782	−782	−5, 320	−5, 320
東京都江東区	22	2, 765	-	−2, 743	−2, 743	−5, 260	−5, 260
千葉県浦安市	24	845	-	−822	−822	−4, 830	−4, 830
東京都豊島区	77	1, 380	-	−1, 304	−1, 304	−4, 490	−4, 490
東京都杉並区	90	2, 654	-	−2, 564	−2, 564	−4, 470	−4, 470
神奈川県川崎市	277	6, 730	-	−6, 453	−6, 453	−4, 260	−4, 260
東京都台東区	14	866	-	−853	−853	−4, 210	−4, 210
東京都中野区	20	1, 304	-	−1, 284	−1, 284	−3, 830	−3, 830
愛知県長久手市	9	234	-	−226	−226	−3, 790	−3, 790
東京都大田区	87	2, 781	-	−2, 694	−2, 694	−3, 670	−3, 670

（注）総務省「ふるさと納税に関する現況調査」から作成。市区町村のみ。

反対に、実数のマイナス幅が大きいのは横浜市です。単純収支はマイナス151億円で下から第1位、調整後収支はマイナス36億円で下から第4位です。川崎市の場合、不交付団体ですので、単純収支と調整後収支が同額のマイナス65億円です。単純収支では下から第4位ですが、調整後収支では下から第1位です。調整後収支のマイナス幅が最も大きくなります（同市は2021年度に交付団体になりました）。

4　寄附超過型団体にもいわせてほしい

指定都市市長会の要望書

図表25でみたとおり、人口１人当たり単純収支または調整後収支が大幅のマイナスになっている寄附超過型団体のほとんどは、東京特別区と政令指定都市です。これらの都市にとって、市民のふるさと納税に伴う個人住民税の減少は、もはや無視しえない規模になりつつあります。

政令指定都市から構成される指定都市市長会は、毎年度、総務大臣に対して税制改正の要望書を提出しています。最近の要望書には、法人住民税などに関する改正要望とともに、ふるさと納税制度に関する事項が必ず入っています。「令和５年度版」（２０２２年10月）では、同制度について、次のような見直しが要請されています。

①ふるさと納税制度について、令和元年度税制改正において一定の見直しがされたも

のの、特例控除額が所得割額の2割という定率の上限のみでは、寄附金税額控除の上限額が所得に比例して高くなり、返礼品との組み合わせにより、結果として、高所得者ほど大きな節税効果が生じていることから、本来の趣旨に沿った制度となるよう引き続き見直しを行うこと。

また、返礼品を目的とした寄附により都市部における地方自治体の財政に与える影響が大きくなっていることなど、課題は依然として残されていることから、特例控除額に定額の上限を設けるなどの見直しを早急に行うこと。

②令和3年分の確定申告からマイナポータルを活用した新しい申告方法が開始されたことを踏まえ、特例的措置として創設されたふるさと納税ワンストップ特例制度について、所得税控除相当額を個人住民税から控除しているという現状の仕組みを速やかに見直すこと。

また、見直しまでの間は、同制度を適用した場合に、個人住民税から控除している所得税控除相当額については、国の責任において、地方特例交付金により全額を補塡すること。

ふるさと納税が高所得層に有利であることは、すでにご紹介したとおりです。指定都市市長会では、政令指定都市の2021年度の課税データをもとに、総所得ランク別に納税義務者1人当たり控除額と納税義務者の利用率を集計しています。

これによると、200万円以下では控除額1万545円、利用率2・4％にすぎません。しかし、200〜700万円では3万7090円、13・6％、700〜1000万円では8万2106円、31・2％に増大しています。さらに1000万円超では、1人当たり19万6480円、利用率は前年度の37・5％から6ポイント上昇して43・5％に達しています。ここでの対象は政令指定都市に限定されていますので、本書でみてきた数値より一段と高くなっています。

個人住民税からの控除の特例分については、高所得層が多額のふるさと納税をすると、個人住民税所得割額の2割を超えることがあります。その場合の特例分の控除額は個人住民税所得割額×20％によって計算されます。これもやはり高所得層に有利ですので、指定都市市長会では上限を定額で設定するよう提案しています。

ワンストップ特例制度は、ふるさと納税の利用者にとっては非常に便利な仕組みです。ところが、本来は所得税（国税）から控除すべき額を個人住民税からの控除に転嫁していますので、寄附超過型の市区町村にとっては個人住民税がさらに減少することになります。

川崎市議会の意見書

２０２０年度まで普通交付税の不交付団体であった川崎市においては、事態はより切実です。川崎市議会は、２０２０年3月の定例会において「ふるさと納税が本来の理念に基づいた制度となるよう改善を求める意見書」を審議しました。

これは衆参両院議長・内閣総理大臣・総務大臣・財務大臣に宛てたものです。同市におけるふるさと納税に伴う減収額は２０２０年度に約97億円と見込まれています。これは「もはや看過できない状況であり、本市の行政サービスの運営に深刻な影響を与えている」という危機意識のもとで、意見書では次の３つの要望が提示されています。

①ふるさと納税制度による減収分に対する財政措置を講ずること。
②特例控除額に定額の上限を設けること。
③ワンストップ特例制度の適用の際も所得税控除相当額は所得税から控除すること。

このうち②と③は、指定都市市長会の要望書と同じです。①は２０２０年度まで不交付団体ならではの川崎市固有の要望といえます。

特別区長会の主張

ふるさと納税による個人住民税の減少ということでは、地方交付税制度が直接的には適用されない東京特別区も深刻です。特別区長会は毎年度、「不合理な税制改正等に対する特別区の主張」を提示しています。最近はそのなかにふるさと納税制度のことが必ず盛り込まれています。新型コロナ感染症問題が発生した２０２０年度には、財政逼迫を背景に「〝ふるさと納税制度〟に対する特別区緊急共同声明」を発表しました。

ふるさと納税制度の問題だけ取り出して、総務大臣宛ての要望書を提出したこともあります。２０２１年11月25日に提出された「〝ふるさと納税制度〟に関する要望について」がその一つです。そのなかでは、制度を利用した住民が恩恵を享受する一方、全住民は地方税減収による影響を強いられるという不公平が生じていることに加え、地方交付税補填により地方交付税の財源を圧迫するといった制度のゆがみが顕在化していることをふまえ、次のような要望をしています。

①住民税控除額のうち、特例分の上限を所得割の「２割」から以前の「１割」に戻すとともに、控除額に上限を設けること。

②ふるさと納税受領額を地方交付税の基準財政収入額に算入すること。
③ふるさと納税による減収額については、地方交付税の不交付団体に対し、地方特例交付金等で補塡することにより、交付団体と不交付団体の格差を調整すること。
④ワンストップ特例制度によって自治体が負担している所得税控除分を、国が地方特例交付金等で補塡すること。
⑤全国各地域と共存共栄の関係を構築するために、各地域との交流や協働事業など、自治体間の交流促進に対する財源措置を講じること。

①と③と④については、細部に違いはあるものの、指定都市市長会の要望にも出てきました。②は指定都市市長会の要望と川崎市議会の意見書には出てきません。

前述のように、普通交付税の交付団体については、ふるさと納税の寄附による収入は、基準財政収入額には算入されません。他方、東京特別区を含む不交付団体については、基準財政収入額の算定根拠となる地方税収入が減少しても地方交付税による補塡はありません。②はその是正を求めたものです。

地方交付税制度への意見申出

地方交付税法では、地方交付税の算定方法などについて地方団体が総務大臣に意見を申し出ることができると定められており、総務大臣はこれを「誠実に処理」することとされています【コラム8】。

この仕組みを利用して2020～2022年度の3ヵ年だけでも、都道府県・市区町村から合計で1500件を超える意見の申出がありました。このうち単位費用の問題を中心とした法律にかかわる事項は3ヵ年で954件、610項目、補正係数の問題を中心とした省令にかかわる事項は3ヵ年で349件、339項目にのぼります。

ふるさと納税制度は、地方交付税の原資と交付額に直接・間接の影響を及ぼしている点で地方交付税制度とは切っても切れない関係にあります。そのため、ふるさと納税制度に関する意見の申出も少なくありません。この3ヵ年で図表26の12件9項目の申出がありました。いずれも法律にかかわる事項です。

意見の内容は、指定都市市長会・特別区長会などによるものと変わりません。兵庫県、千葉県船橋市、同四街道市、名古屋市は、同じ意見を続けて申し出ています。

肝心なのは、これらの申出が総務大臣によって「誠実に処理」されているかどうかで

図表26　ふるさと納税制度に関する地方団体の意見申出

2020年度	千葉県船橋市、千葉県四街道市	ふるさと納税ワンストップ特例制度により減収となる所得税相当分の補填措置
	神奈川県川崎市	ふるさと納税による寄附収入の基準財政収入額への算入
	兵庫県	ふるさと納税ワンストップ特例制度により減収となる所得税相当分の補填措置の導入
2021年度	兵庫県	ふるさと納税ワンストップ特例制度により減収となる所得税相当分の補填措置の導入
	千葉県船橋市、千葉県四街道市	ふるさと納税ワンストップ特例制度により減収となる所得税相当分の補填措置
	愛知県名古屋市	ふるさと納税による寄附金収入の基準財政収入額への算入について
	奈良県	基準財政収入額の算定に係るふるさと納税の取扱いについて
2022年度	千葉県四街道市、奈良県王寺町	ふるさと納税ワンストップ特例制度により減収となる所得税相当分の補填措置
	愛知県名古屋市	ふるさと納税による寄附金収入の基準財政収入額への算入

（注）総務省「地方公共団体の意見申出制度」から作成。2020～2022年度。

す。２０２０～２０２２年度の３ヵ年における採用項目数は、法令関係３４９項目のうち２０９項目（59・９％）、省令関係３３９項目のうち１１８項目（34・８％）でした。しかし、ふるさと納税制度に関する９項目については採用ゼロでした。

ハードルはなかなか高いようです。総務大臣は処理した結果を地方財政審議会（地方財政制度に関する事項について審議するため、総務省に設置された審議会）に報告することとされています。２０１８年３月16日に開催された同審議会では、ふるさと納税制度に関する次のような処理方針が示されています（一部の表現を改変）。

①ワンストップ特例制度の利用による個人住民税の減収については、所得税相当分の１００％を補塡すること（兵庫県、千葉県船橋市）
採用しない。ワンストップ特例制度による個人住民税所得割の寄附金税額控除については、控除対象や控除限度額について、地方税法に定めのある一連の所得控除・税額控除の一つであることから、通常の算定における75％以上に減収額を算定に反映させることは適切ではない。
②ふるさと納税による寄附金を基準財政収入額に算入すること（神奈川県二宮町）
採用しない。基準財政収入額は、法定普通税を主体とした標準的な地方税収入であることから、ふるさと納税を含め、個人が任意に支出する寄附金については、基準財政収入額に算入しないこととしている。なお、ふるさと納税研究会の報告書［２０１７年10月］において、「〝ふるさと納税〟の趣旨を踏まえれば、〝ふるさと納税〟に相当する寄附金についても、これまでと同様の取扱いとし、寄附を受領した地方団体の地方交付税が減少することのないようにすることが望ましい」とされている。

いずれも「採用しない」という結論です。申出をおこなう地方団体は同じ内容の申出を何度も繰り返しているのですが、なかなか埒が明くようにはみえません。

【コラム8】 地方団体による意見申出

地方交付税法第17条の4は、交付税の額の算定方法に関する意見の申出を定めています。すなわち「地方団体は、交付税の額の算定方法に関し、総務大臣に対し意見を申し出ることができる。この場合において、市町村にあつては、当該意見の申出は、都道府県知事を経由してしなければならない」とされます。第17条の4の2では、「総務大臣は、前項の意見の申出を受けた場合においては、これを誠実に処理するとともに、その処理の結果を、地方財政審議会に、第二十三条の規定［地方財政審議会の意見の聴取］により意見を聴くに際し、報告しなければならない」とされています。

一方、地方自治法第99条では、「普通地方公共団体の議会は、当該普通地方公共団体の公益に関する事件につき意見書を国会又は関係行政庁に提出することができる」とされています。川崎市議会の意見書は、この条項に基づくものです。

5　どうすればみんなの負担は減らせるか？

単純収支による補正

ふるさと納税制度のせいで、地方団体間の受益と負担の構造がいびつになっていることはもはや疑うべくもありません。制度を廃止しないのであれば、何らかの改善策を講じる必要があります。本書では、単純収支による補正と基準財政収入額による補正という二つの方法で改善の度合いを試算してみます。以下の対象は市区町村、データは2018〜2020年度平均です。

一つは、単純収支による補正です。

ふるさと納税受入額から個人住民税控除額を引いた単純収支をみると、2015年度にはプラスが1216団体、プラス幅の合計は1473億円、マイナスが525団体、マイナス幅の合計はマイナス447億円でした。それが3年後の2018年度にはプラスが1293団体、合計4621億円、マイナスが448団体、合計マイナス1676億円になりました。プラス幅は３・１倍の伸びでしたが、マイナス幅は３・７倍も増えています。２０２０年度にはプラスが１３７０団体、合計５８０２億円、マイナスが３７１団体、合計マイナス２０４１億円に達しています。

これは、ふるさと納税の人気が高まるとともに、受入に積極的な一部の市町村に牽引されて、ふるさと納税獲得に力を入れる団体が増えていることを示唆しています。

そこで最も単純には、単純収支のプラス幅の一部を用いてマイナス幅を埋め合わせるという方法が考えられます。そうすれば地方交付税による補填の必要はありません。寄附超過型の市区町村においても、個人住民税の減収という問題は解消されます。

基準財政収入額による補正

もう一つは、ふるさと納税の受入額を基準財政収入額に算入する方法です。

基準財政収入額とは、「各地方団体の財政力を合理的に測定するために、当該地方団体について地方交付税法第14条の規定により算定した額」のことです。標準的な地方税収入の75％＋地方譲与税などによって計算されます。

基準財政収入額というのは、それぞれの地方団体の、いわば自然体の収入に当たります。ところが、ふるさと納税の受入額がこれを上回る市町村が出てきています。２０１５年度には16団体、超過幅は合計で69億円でした。それが3年後の２０１８年度には40団体、１４２６億円になりました。団体数は２・５倍ですが、超過幅の合計は20倍強に増えています。返礼品規制などが導入された２０１９年度には35団体、３６４億円に減少しましたが、２０２０年度に49団体、６４６億円、２０２１年度には62団体、９０３億円に増加しています。

前節でみたように、総務省は改善にあまり乗り気ではないようですが、地方団体のなかには「ふるさと納税の受入額を基準財政収入額に算入してほしい」という意見が少なくありません。受入額のうちどれくらいを算入するかという問題はありますが、もし基準財政収入額に算入すれば、地方交付税による補塡額が縮減されるだけでなく、地方交付税交付額そのものが節減されることが期待されます。

単純収支の補正によりマイナスは相殺

図表27は、単純収支による補正結果を人口１人当たり受入額のランク別にみたものです。補正の方法は簡単です。単純収支がマイナスの３６９団体の合計１７８７億円のマイナ

図表27　単純収支による補正（試算）

			単純収支（億円）		人口1人当たり（千円）	
			現　状	補正後	現　状	補正後
合　計		1,741	3,099	3,099	18.1	11.6
単純収支	プラス団体	1,372	4,886	3,099	23.3	14.8
	マイナス団体	369	−1,787	0	−1.5	0.0
人口1人当たり受入額	100円未満	60	−572	0	−2.5	0.0
	100〜500円	227	−1,032	0	−1.3	0.0
	500〜1000円	149	−158	5	−0.3	0.1
	1000〜5000円	536	384	253	1.9	1.2
	5000〜１万円	254	549	348	6.6	4.2
	１〜５万円	377	1,643	1,042	20.4	13.0
	５万円以上	138	2,286	1,450	156.0	98.9
５万円以上のシェア（%）		7.9	73.8	46.8	−	−
変動係数		−	6.3	3.2	4.6	4.5

（注）総務省「ふるさと納税に関する現況調査」から作成。市区町村のみ。

ス幅の構成比に応じて、プラスの１３７２団体のプラス幅の合計４８８６億円を按分しました。

その結果、マイナス団体のマイナス幅はすべて解消されます。個人住民税からの控除による減収分は、受入額との差額だけ戻ってきます。マイナス団体の当初の地方税収入は確保されます。地方交付税による補塡は必要ありません。地方交付税補塡額の削減効果は、市町村関係だけで１５１１億円になります(図表23を参照)。

マイナス団体のマイナス幅を埋めるのはもちろんプラス団体です。それでもプラス団体には合計でなお３０９９億円が残ります。これは、持てるところから持てざるところへの移転ですので、逆説的な表現ですが、「逆交付税」のようなものといえそうです。

実数で移転額が大きいのは、横浜市151億円、名古屋市86億円、大阪市75億円、川崎市65億円、世田谷区53億円などです。これらの市区では単純収支のマイナスがまるまる消えてなくなります。

逆に減少幅が大きいのは、大阪府泉佐野市85億円（単純収支233億円）、宮崎県都城市41億円（同111億円）、栃木県小山市32億円（同87億円）などです。プラス分の構成比をマイナス分に配分していますので、これらのプラス団体の減少率は一律36・6％になります（1787億円÷4886億円）。

人口1人当たり受入額5万円以上の市町村は、現状では138団体です。これら138団体だけで単純収支のプラス幅は2286億円、全体の73・8％を占めます。けれども補正後は1450億円、全体の46・8％に低下します。

これに伴い、1741市区町村における単純収支の変動係数（標準偏差÷平均）は、現状の6・3から補正後は3・2に縮小します。単純収支に地方交付税補填額を加えた調整後収支の変動係数は3・9でしたので（図表24を参照）、市区町村間の格差がより是正されることになります。

受入額の50％を基準財政収入額に算入

地方団体間の財政調整と財源保障を目的とする普通交付税は、基準財政収入額Rと基準財政需要額Dの差額分が交付されます【コラム3】。DよりRが大きければ交付されません。しかし、「平成の大合併」の特例が継続していることなどにより、DよりRが大きくても交付されることがあります。たとえば2020年度決算によると、DよりRが大きい市区町村は74団体ですが（東京特別区を除く）、このうち5団体には交付されています。

本書では、次の方法により市区町村ごとに普通交付税交付額を機械的に計算します。これを便宜的に「普通交付税相当額」と呼ぶことにします。基準財政需要額と基準財政収入額は、それぞれ3ヵ年平均です。DよりRが大きければ、例外なしに不交付団体としています（東京特別区を含みます）。実際の交付額とは必ずしも一致しません。

普通交付税相当額＝基準財政需要額－基準財政収入額

問題は、ふるさと納税の受入額のうち、どれくらいを基準財政収入額に算入するかということです。このことについては議論のあるところだと思います。本書では、単純な試算の前提として便宜的に「50％」とします。

２０１９年の地方税法改正により、ふるさと納税の返礼品割合を寄附額の30％以下とすることが明記されたほか、募集に際して返礼品を過度に強調しないこと、総費用割合が寄附額の50％以下であることといった基準が示されました。本書で算入率を50％とするのは、この総費用割合基準をふまえたものです。いわば「必要経費」を除いた残りを基準財政収入額に含めればどうなるか――ということです。


補正後の基準財政収入額＝基準財政収入額＋ふるさと納税受入額×50％

補正後の普通交付税相当額＝基準財政需要額－補正後の基準財政収入額

節減効果は2421億円

図表28がその試算結果です。対象は東京特別区を含む１７４１市区町村です（東京特別区は普通交付税の交付対象ではないので、図表28の数値には影響しません）。

基準財政需要額から基準財政収入額を引いて求めた現状の普通交付税相当額は、合計

図表28　基準財政収入額による補正（試算）

		普通交付税相当額（億円）				人口１人当たり（千円）	
		現　状	補正後	変化幅	変化率（%）	現　状	補正後
合　計		68,902	66,481	−2,421	−5.6	224	217
人口１人当たり受入額	100円未満	1,840	1,837	−4	−0.3	34	34
	100～500円	10,763	10,717	−46	−0.9	70	70
	500～1000円	7,274	7,225	−49	−1.9	152	152
	1000～5000円	22,743	22,436	−306	−2.1	211	210
	5000～１万円	10,342	10,051	−291	−3.8	261	257
	１～５万円	12,525	11,702	−824	−7.4	303	295
	５万円以上	3,416	2,514	−902	−28.9	338	291
変動係数		1.43	1.47	−	−	1.04	1.06
不交付団体		105	117	−	−	105	117

（注）総務省「ふるさと納税に関する現況調査」、同「市町村別決算状況調」から作成。市区町村のみ。

で６兆８９０２億円です。実績は２０１８～２０２０年度の平均で７兆１６２億円ですので、これより１２６０億円（１・８％）少なくなっています。

ふるさと納税受入額の50％を基準財政収入額に算入した補正後の普通交付税相当額は、合計で６兆６４８１億円です。現状に比べて２４２１億円、全市区町村の算術平均で５・６％減少します（合計値では３・５％減）。

人口１人当たり受入額のランク別にみると、多額のふるさと納税を受け入れている団体ほど減少幅が大きくなっていることが分かります。なかでも１人当たり５万円以上の団体では、現状の普通交付税相当額に比べて30％近く減っています。

市区町村間の格差を示す変動係数は、現状の実数で１・４３、人口１人当たりで１・０４です。

補正後は実数で1・47、人口1人当たりで1・06にそれぞれわずかに上昇しますが、もともとの数値が低いため無視しうる変化です。

普通交付税の交付額の節減効果とともに注目すべきは、DよりRが多い不交付団体の数の変化です。3ヵ年平均から計算した現状の不交付団体は、非該当の東京特別区を含めて105市区町村です（総務省「市町村別決算状況調」による2020年度実績では、不交付団体は92市区町村です）。これが補正後は117団体に増えます。つまり、受入額の50%を基準財政収入額に算入することにより、市区町村全体の財政状況が改善されることになります。

現状と補正後を比較して実数の減少幅が大きいのは、宮崎県都城市56億円、北海道根室市40億円、同紋別市39億円、佐賀県みやき町32億円、北海道白糠町30億円などです。このほか20億円台が3団体、10億円台が29団体となっています。

ふるさと納税の受入額では235億円で第1位（3ヵ年平均）の泉佐野市の場合、基準財政収入額は164億円、基準財政需要額は173億円、普通交付税相当額は8・9億円（2020年度実績は8・8億円）です。ふるさと納税受入額の50%を算入すると、補正後の基準財政収入額は282億円ですので、補正後の普通交付税相当額はマイナス108億円です。DよりRがはるかに多いため、普通交付税は交付されません。現状からの減少幅は8・9億円です。小さな額ではありませんが、受入額が112億円で第2位の都城市の減少幅56億円に比較すると、規模は比較的穏やかです。

2021年度の節減額は3825億円

いままでは主に2018〜2020年度の平均をみてきました。最後に、2021年度に関する試算結果をご紹介します。

第1に、1741市区町村について、ふるさと納税受入額から個人住民税控除額を引いて単純収支を計算しました。すると、プラスは1370団体、マイナスは371団体です。該当数は2020年度と変わりません。けれども、プラス幅の合計は前年度から1252億円（21・6％）増えて7054億円に増大しています。一方、マイナス幅の合計は542億円（26・5％）増大して2583億円になります。

単純収支のマイナス幅をプラス幅で埋め合わせることにより、マイナス団体の「赤字」は消えます。プラス団体のプラス幅は減りますが、それでも4471億円の「黒字」は確保されます。いうまでもなく現状の補塡額2095億円（図表23を参照）は必要でなくなります。

第2に、1741市区町村について、現状と補正後の普通交付税相当額を計算しました。補正後というのは、ふるさと納税受入額の50％を基準財政収入額に算入したものです。その結果、普通交付税相当額は現状の8兆3017億円から補正後は7兆9248億円へ3769億円縮小します。計算上の不交付団体（東京特別区を含む）は、現状の74団体から92団体に増加することが見込まれます。

第3に、不交付団体である東京都を除く46道府県について普通交付税相当額を計算してみました。道府県の受入額は114億円です。その50％を基準財政収入額に算入しても大きな変化はみられません。相当額は、現状の10兆368億円から補正後は10兆312億円へ56億円減少する程度です。

2番目と3番目の試算結果、つまり基準財政収入額と普通交付税相当額による補正をすれば、市区町村分（3769億円）と道府県分（56億円）の合計で3825億円（ア）の軽減が見込まれます。

前述のとおり、2021年度の場合、現行制度のもとでの地方交付税への負荷額は合計で3749億円（イ）と推定されます。その内訳は、地方交付税原資への影響額616億円、市町村への補塡額2095億円、道府県への補塡額1038億円です。

現状の3749億円というのは、地方交付税の本来の目的を損なう、いわば余計な支出に当たります。これに対し、基準財政収入額で補正した節減額の合計３８２５億円（ア）は、現状の負荷額３７４９億円（イ）と同程度の額なのですが、それだけ地方交付税交付額を直接的に軽減してくれるという点で大きな違いがあります。

おわりに

ふるさと納税の仕組みは非常に興味深いものです。ところが、「育ててくれた、支えてくれた、一人前にしてくれた、ふるさとへ。都会で暮らすようになり、仕事に就き、納税し始めると、住んでいる自治体に納税することになります。税制を通じてふるさとへ貢献する仕組みができないか」（総務省「ふるさと納税ポータルサイト」）という当初の思いとはかけ離れたいびつな状況に陥っていることは否定すべくもありません。

ふるさと納税制度の問題については、返礼品競争やお金持ち優遇のことに関心が向けられがちです。しかし、もっと深刻なのは、地方交付税制度を通じて、ふるさと納税が国・地方間の財政問題と同時に地方間の財政問題に影響していることです。

基準財政需要額と基準財政収入額という用語は、本書に何度も出てきました。簡単にいえば、前者は各団体が必要な行政サービスを供給するための費用のことです。後者は標準的な地方税収入の一定額のことです。

この定義から直感的に想像されるように、基準財政収入額は生産年齢人口と相関が高く、基準財政需要額は高齢者人口と相関が高い傾向にあります。私は以前、伊藤（２０１５）

においてこの問題を検討したことがあります。伊藤（２０１５）を参考にした内閣府『地域の経済２０１６』では、２０３０年度における地方交付税の必要額を推定しています。

これらの論文の趣旨は単純明快です。人口減少に伴い、基準財政収入額は間違いなく伸び悩みます。衰微するおそれすらあります。その一方、人口の高齢化とともに基準財政需要額は増大します。その結果、基準財政需要額と基準財政収入額の乖離が拡大します。つまり、それだけ地方交付税への負荷が増大することになります。現在は地方交付税の不交付団体であっても、人口構成や産業構造の変化に伴って交付団体に転じる可能性があることも考慮しておかなくてはなりません。

しかも地方交付税の原資は慢性的に不足していることに注意が必要です。２０１９〜２０２０年度には、国税収入が増加したおかげで新規の借金は抑制されました。けれども財源不足を補うために、臨時財政対策債、いわゆる「赤字地方債」への依存が常態化しています。臨時財政対策債の現在高は２０２１年度末に約54兆円です。地方債現在高全体の約37％を占めるほどです。

地方交付税は「入口」で細くなりつつある一方、「出口」では増大圧力が増しています。川崎市も２０２１年度には交付団体に転じました。そんななかで、寄附する側も受け入れる側もふるさと納税に打ち興じているのは、とても望ましい状況とはいえません。ふるさと納税の獲得には、地方交付税への依存が高い市町村において、より積極的な傾向がみられます。ところが、これは地方団体間で貴重な地方交付税を奪い合っていることに思いを至らせなくてはなりません。

現実はどうかというと、指定都市市長会や特別区長会などが意見・要望を繰り返し提示してはいるものの、ふるさと納税制度の改廃に向けた議論は概して低調です。

ふるさと納税の恩恵を実感している利用者にしてみれば、どこかおかしいと思うことはあっても、これほどおいしい仕組みを利用しない手はありません。返礼品を供給する事業者も助かります。多数派である「もらい得」の地方団体にとって、「泣きっ面に蜂」の市区町村の事情はたとえ理解しても、あえて横並び競争から降りることはしないでしょう。制度の見直しを総務省に継続して要請している川崎市ですら、「現状を嘆くのではなく、取り組みを進めています」と宣言して、動物愛護センターや学校への寄附を呼びかけています。

ふるさと納税という法制度から生まれたビジネス機会を享受している代行事業者にとって、反対する理由などあろうはずはありません。法制度の決定に携わる国会議員・地方議員にしてみれば、「ふるさと」や「特産品振興」を喧伝する制度に異を唱えれば支持を失うおそれがあります。法令が適正に執行されているかどうかを監督する総務省にとって、法制度そのものに口をはさむのは唇を寒くしかねません。

このようにして、ふるさと納税にかかわる「傷口」は広がるばかりです。過ちて改めざる。これを過ちと謂う。過ちては改むるに憚ること勿れ——ふるさと納税制度の抜本的見直しが必要と思います。

〔参考文献〕

磯道真（2019）「ふるさと納税の収支尻―373団体は交付税加味しても〝赤字〟返礼品競争の拡大で制度にゆがみ―」『日経グローカル』第372号、24―29頁
伊藤敏安（2015）「人口構成の変化による普通交付税への影響―2020年における基準財政収入額・基準財政需要額の試算―」『地域経済研究』第26号、41―58頁
伊藤敏安（2020）「市町村のふるさと納税寄附金はどう使われたか？」『修道法学』第43巻第1号、59―107頁
伊藤敏安（2021）「ふるさと納税寄附金の返礼割合は妥当か？」『修道法学』第44巻第1号、19―49頁
伊藤敏安（2022a）「ふるさと納税は地方交付税をどれほど毀損しているか？」『修道法学』第44巻第2号、31―51頁
伊藤敏安（2022b）「ふるさと納税の利用に熱心なのはどんな市区町村か？」『修道法学』第45巻第1号、1―25頁
伊藤敏安（2022c）「ふるさと納税寄附金はどこからどこに流れているか？」『修道法学』第45巻第1号、27―46頁
伊藤敏安（2023a）「ふるさと納税は市区町村間の歳入格差をもたらしているか？」『修道法学』第45巻第2号、27―36頁

伊藤敏安（２０２３ｂ）「ふるさと納税制度による地方交付税への影響」『税』第78巻第2号、２－３頁
伊藤敏安（２０２３ｃ）「ふるさと納税制度による地方交付税への負荷とその軽減」『生活経済政策』第３１６号、12－15頁
上野美咲（２０２１）「ふるさと納税等の寄付・募金行為と地域活動に対する意識等との関連性に関する一考察」『日本都市計画学会関西支部研究発表会講演概要集』第19巻、21－24頁
木下斉（２０１５）「ふるさと納税ブームに潜む地方衰退の〝罠〟」『東洋経済ＯＮＬＩＮＥ』２０１５年12月9日
木村高宏（２０２１）「ふるさと納税の計量的検討－２０１９年を例に－」『金沢法学』第64巻第1号、15－36頁
佐藤良（２０１８）「ふるさと納税の現状と課題」『調査と情報』第１０２０号、1－10頁
佐藤良（２０２１）「ふるさと納税の現状と課題－返礼品競争への対応と残された課題－」『調査と情報』第１１４７号、1－12頁
末松智之（２０２０）「ふるさと納税の返礼率競争の分析」*PRI Discussion Paper Series*, No. 20A–04, 1－24頁
鈴木善充、橋本恭之（２０１７）「ふるさと納税に関する研究－北海道下の市町村データによる分析－」『生駒経済論叢』第15巻第2号、21－31頁
須山聡（２０２０）「ふるさと納税にみる所得再配分機能と地域振興」『駒澤地理』第56号、1－21頁

高橋勇介、要藤正任、小嶋大造（２０１９）「ふるさと納税制度の利用者の属性と要因分析――一般的な〝寄附〟との比較からの検証――」『経済政策ジャーナル』第16巻第1号、通巻第81号、14－27頁
冨田武宏（２０１７）「ふるさと納税制度による税源の偏在是正機能と限界」『立法と調査』第３８６号、88－１００頁
中道達也（２０２０）『泉佐野市とふるさと納税の真実』幻冬舎メディアコンサルティング
西村慶友、石村知子、赤井伸郎（２０１７）「ふるさと納税（寄付）のインセンティブに関する分析―個別自治体の寄付受け入れデータによる実証分析――」日本地方財政学会編『〝地方創生〟と地方における自治体の役割』１５０－１７８頁
橋本恭之（２０１９）「ふるさと納税制度と国・地方の財政」『関西大学経済論集』第69巻第1号、１－23頁
橋本恭之、鈴木善充（２０１５）「ふるさと納税制度の検証」日本財政学会第72回大会発表原稿、２０１５年10月17日、１－49頁
橋本恭之、鈴木善充（２０１６）「ふるさと納税制度の現状と課題」『会計検査研究』第54号、13－38頁
橋本恭之、鈴木善充（２０２１）「ふるさと納税制度の見直しの影響について」『関西大学経済論集』第70巻４号、５５７－５７１頁
林浩毅（２０１９）「ふるさと納税による地方財政への影響について」２０１９年度大阪府市町村課財政グループ研修生卒業研修報告書、１－32頁

深澤映司（２０１９）「ふるさと納税を背景とした諸現象の本質」『レファレンス』通巻第８１８号、53－79頁
深澤映司（２０２１）「ふるさと納税の受入れに伴う自治体財政の効率性への影響―〝財政錯覚〟を背景とした技術的効率性の低下の観点から―」『レファレンス』通巻第８４８号、１－30頁
松田英嗣（２０１９）「損益計算書でみる全国47都道府県の〝ふるさと納税〟事情―〝ふるさと納税〟の持続可能性を高めるために―」『日経研月報』通巻第４９４号、26－33頁
宮本由紀、宮野充裕（２０１９）「返礼品がふるさと納税件数に及ぼす影響―東海３県の市町村データを用いた分析―」『都市情報学研究』第24号、19－28頁
武者加苗（２０１９）「北海道内市町村におけるふるさと納税受入額の決定要因分析」『札幌大学総合研究』第11号、49－57頁
矢部拓也、笠井明日香、木下斉（２０１７）「〝ふるさと納税〟は東京一極集中を是正し、地方を活性化しているのか―都道府県・市町村収支データと財政力との関係から考える―」『徳島大学社会科学研究』第31号、17－70頁
Fukasawa, Eiji; Fukasawa, Takeshi; Ogawa, Hikaru (2020), “Intergovernmental competition for donations: The case of the Furusato Nozei program in Japan”, *Journal of Asian Economics*, Vol. 67, pp. 1–14.
Yamamura, Eiji; Tsutsui, Yoshiro; Ohtake, Fumio (2017), “Altruistic and selfish motivations of charitable giving: Case of the hometown tax donation system in Japan”, *ISER Discussion Paper*, No. 1003, pp. 1–26.

伊藤　敏安（いとう　としやす）

1955年２月山口県生まれ。同志社大学文学部卒業、関西学院大学大学院社会学研究科修士課程修了。広島大学博士（経済学）。株式会社日本統計センター、社団法人中国地方総合研究センターを経て、2002年に広島大学地域経済システム研究センター教授、2003年から同センター長併任。2018年から広島修道大学国際コミュニティ学部教授。公共政策、地方財政、地域経済。主著として『地方分権の失敗　道州制の不都合』（幻冬舎ルネッサンス、2009年）、『2000年代の市町村財政』（広島大学出版会、2017年）など。広島県公害審査会会長、広島県国民健康保険運営協議会会長など。

本当は恐ろしい「ふるさと納税」

— 地方交付税が奪われる —

2023年８月20日　初版第１刷発行

著　　者　伊藤敏安
発 行 者　中田典昭
発 行 所　東京図書出版
発行発売　株式会社 リフレ出版
〒112-0001　東京都文京区白山 5-4-1-2F
電話（03）6772-7906　FAX 0120-41-8080
印　　刷　株式会社 ブレイン

ISBN978-4-86641-671-7 C0033
Printed in Japan 2023